U0633288

金融
供给侧改革

贾　康　黄益平　等◎著　财新传媒◎选编

ZHEJIANG UNIVERSITY PRESS
浙江大学出版社

图书在版编目（CIP）数据

金融供给侧改革 / 贾康等著. 财新传媒
选编. —杭州：浙江大学出版社，2019.8
ISBN 978-7-308-19271-2

Ⅰ.①金… Ⅱ.①贾… Ⅲ.①金融改革—研究—中国
Ⅳ.①F832.1

中国版本图书馆 CIP 数据核字(2019)第 124609 号

金融供给侧改革

贾　康　黄益平　等著　财新传媒选编

责任编辑	卢　川
责任校对	陈　翩　周　群
封面设计	卓义云天
出版发行	浙江大学出版社
	（杭州市天目山路 148 号　邮政编码 310007）
	（网址：http://www.zjupress.com）
排　　版	杭州中大图文设计有限公司
印　　刷	浙江印刷集团有限公司
开　　本	880mm×1230mm　1/32
印　　张	8.875
字　　数	199 千
版 印 次	2019 年 8 月第 1 版　2019 年 8 月第 1 次印刷
书　　号	ISBN 978-7-308-19271-2
定　　价	58.00 元

版权所有　翻印必究　　印装差错　负责调换

浙江大学出版社市场运营中心联系方式：0571 - 88925591；http://zjdxcbs.tmall.com

————序 Preface

何谓金融供给侧结构性改革

凌华薇

《财新周刊》主编

以往,银行业谈的是如何配合供给侧改革,2019 年年初中央新提出金融供给侧结构性改革,直指金融业自身。对此,各界有不同解读。中财办原副主任杨伟民称这主要指应提升直接融资比重;银保监会主席郭树清在全国"两会"答疑时表示,最重要的内容是增加金融机构对民营企业的融资;银保监会新闻发言人肖远企给出了相对系统和完整的解释。

金融供给侧结构性改革针对的是金融业的效率,金融机构、监管机构如何各尽其责,则考验专业能力。说到底,是让金融机构按经济规律办事。首先需要提高金融机构自身效率,这取决于公司治理、业务能力、风险控制;第二是外部条件,包括政策、法律、监管能否创造一个公平有序的竞争环境。

中国是主要依靠银行间接融资的经济体。为什么政策面一直呼吁要提升直接融资比例?是因为直接融资可以降低企业成本吗?这恐怕是一种较为普遍的理解偏差。这样的观点可能认为股权融资不承诺固定收益,因此可视为无成本或低成本;而银行贷款是有息债务,因此成本较高。然而债券融资也是直接融资,债券的利息往往要高于银行贷款。另外,股权融资就是零成本、低成本吗?公司金融的常识告诉我们,从根本而言,无论是债权还是股权融资,对企业来说都是一样的。只是不同时间段,分红率和利息率不同,企业应有自由选择组合的权力,因此长期看二者应趋于一致。认为股权融资无成本、低成本,恰恰反映了社会的市场化程度和法制程度的不足。提高直接融资的比重,从根本上说,是为了丰富融资工具,让企业有更多财务管理的工具,市场机制才能够更加灵活有效。为此,靠政策硬性规定是没用的,政府要做的是完善法制和提高司法有效性,维护好投资者利益,让投资者有信心。直接融资机制有效的关键在于信息的透明与公开,价格机制可以充分发挥作用。无论是债市还是股市,维护投资者权益的核心都是有效防范、打击欺诈,以及公平有效的事后追索机制。

在政策与监管对市场的引导作用方面,无论是结构性货币政策,还是信贷政策,都希望影响银行业的资金流向。总体来说,不应对这类政策的效果抱有太高期望,也不必太过苛求。(比如认为货币政策是调节总量的,如何实现结构化?)但在外汇占款逐渐退出货币供给主要渠道后,目前中国要解决的是寻找货币供给的新渠道。有了合理的结构性方向,加上有效的货币供给,才能真正解决资金问题。但不管资金流向哪里,最终还是要按照市场规律分配。结构性政策如果有效固然好;即使效果不显著,也一样是增加了货币供给。

引导金融业增加对民营企业融资,用意良善;但如果变成了行政摊派,就容易变成流于形式,甚至会出现弄虚作假现象。是否向民企融资,取决于民企能否让金融机构放心,包括民企的风险管理、合规程度、信息透明度等自身问题的加强;也取决于民企对中国经济是否有信心,法律地位是否有保障,行为能否长期化,这也是当前深化改革的目的所在。由此,政府、监管机构的角色究竟是什么,也就不言而喻了。

目录 Contents

深化金融供给侧改革

第一辑

金融改革的逻辑

现代金融体系与国家治理体系的现代化

徐　忠

中国人民银行研究局局长

党的十八大以来,以习近平同志为核心的党中央坚持观大势、谋全局、干实事,成功驾驭中国经济发展大局,在实践中形成了以新发展理念为主要内容的习近平新时代中国特色社会主义经济思想:从提出经济发展新常态,到以新发展理念推动经济发展,到深入推进供给侧结构性改革,再到中国经济已由高速增长阶段转向高质量发展阶段。习近平新时代中国特色社会主义经济思想,既是几年来中国经济发展实践的理论结晶,也是新时代做好中国经济工作的指导思想。

金融作为现代经济的血脉,是连接各经济部门的重要纽带,是现代国家治理体系的重要组成部分。新时代中国特色社会主义金融理论应置于新时代中国特色社会主义经济思想的整体框架下,以服务实体经济为出发点和落脚点,适应高质量发展的要求,贯彻新发展理念,更好地发挥在国家治理体系和治理能力现代化中的作用,深化金融体制改革,为实现"两步走"战略目标提供强有力的支持。

做好新时代、新发展阶段的金融工作,改革是关键。既要坚持社会主义制度,又要坚持社会主义市场经济改革方向;既要加强金融服务实体经济的能力,又要尊重金融市场发展的一般规律;既要有针对性地解决国内经济金融运行存在的问题,又要充分认识到经济金融全球化环境下制度竞争的决定性;既要有顶层设计,维护全国统一市场,又要鼓励基层试点,使地方制度适度竞争,优化趋同,将"自上而下"与"自下而上"结合起来;既要立足于我国改革开放的成功经验,又要充分吸取前期改革的教训。要改变前期改革中存在的系统性改革工程缺乏顶层设计、过度依赖短期行政手段、对改革"试错"容忍度低等问题,重在从完善体制机制、建立健全长效机制、形成良好的改革氛围等方面深化改革。

金融应适应经济高质量发展的要求

党的十九大报告指出,"中国特色社会主义进入新时代","社会主要矛盾已经转化为人民日益增长的美好生活需要和不平衡不充分的发展之间的矛盾","我国经济已由高速增长阶段转向高质量发展阶段",因此"必须坚持质量第一、效益优先,以供给侧结构性改革为主线,推动经济发展质量变革、效率变革、动力变革"。金融应以服务实体经济为根本出发点和落脚点,金融体系对新发展阶段的适应性转变是高质量发展的必然要求。

在经济高速增长阶段,金融服务实体经济主要关注"规模"和"数量"。彼时,金融领域的主要矛盾是经济增长需求与资本存量有限的矛盾,因此金融工作的重点是动员储蓄,推动资本积累进而促进经济增长。从学术思想看,传统西方经济学指出金融对经济增长的三大作用机制,均是以规模为着眼点。一是金融机构利用信息优势,降低交易成本,避免流动性风险和个体风险,促进社会闲散储蓄资金向生产性资本的转化,从而扩大资本形成规模的观点;二是认为金融机构可降低信息获取成本和监督成本,优化资源配置,把储蓄分配给收益率高的投资项目,从而更有效地积累资本;三是金融发展可以提高储蓄率促进经济增长。我国的金融学研究中,如黄达先生提出的"财政信贷综合平衡",也主要着眼于总量矛盾,强调总量平衡,使资金供给更好地服务于资金需求。从政策实践看,则是重视金融促进经济增长的"规模效应",重视 M2、社会融资规模等金融服务的规模指标,将其作为金融服务实体经济的重要测度,并就这些指标设定年度目标。政府工作报告内容也在不断发生变化,从每年设定 M2 和信贷增速目标,到 M2 增速目标(取消信贷增速目标),再到 2016—2017 年的 M2 增速和社会融资规模增速双目标。2007—2017 年,M2 年均增长 15.3%,社会融资规模年均增长 17.7%。

随着经济进入高质量发展阶段,金融领域的主要矛盾也相应转变为经济高质量发展对金融服务的需求与金融有效供给不足、供给结构失衡的矛盾:资金面整体宽裕但有效承担风险的资本金少、短期投资多长期投资少、社会融资规模不小但有效引导资金流向的机制欠缺。资金往往倾向于大企业大项目,挤占了中小企业的融资名额。因此,与经济发展从规模扩张向质量变革、效率变革、动力变革相适应,金融发展应从关注"规模"转向关注"质量",金融功能应由传统的"动员储蓄、便利交易、资源配置"拓展为"公司治理、信息揭示、风险管理"等。从学术思想发展看,麦金农和肖提出的"金融深化"理论指出,金融深化有三个层次:一是金融增长,即金融规模不断扩大;二是金融产品、金融机构的逐渐优化;三是金融市场(价格)机制的逐步完善,使金融资源在市场机制下得到优化配置。从第一层次向第二、三层次的过渡,即由规模扩张向质量提升的功能演变。"金融功能"理论指出,早期金融功能主要体现在动员储蓄、便利交易、资源配置方面,随着经济发展对金融体系产生新的需求,金融体系功能相应拓展为公司治理、信息揭示和风险管理等。这些不断拓宽的金融功能进一步促进了经济增长,从而形成了经济和金融发展的良性循环。从政策实践看,2018年政府工作报告已经淡化了 GDP、M2、社会融资规模等数量增长目标:"今年发展主要预期目标是:国内生产总值增长 6.5% 左右。"①与 2017 年政府工作报告相比,删除了"在实际工作中争取更好结果"的表述,以及"保持广义货币 M2、信贷和社会融资规模合理增长"②。

对标高质量发展,金融要高度关注资金流向。在经济发展初期,金融资源配置呈现总量宽松、结构粗放的典型特征,资金也更多地流向基建、房地产等资本密集型产业,甚至是产能过剩行业。而随着经济步入高质量发展阶段,服务业占比提升,技术进步、全要素生产率提高,服务业和技术成为经济增长的重要动力,金融资源配置应逐步转变为总量稳健、结构优化,对于资金

①②　政府工作报告,http://www.xinhuanet.com/politics/2018lh/2018-03/22/c_1122575588.htm.

流向、资金配置效率的关注度需进一步提升。林毅夫提出并论证的"最优金融结构理论"认为,只有金融体系的结构与实体经济的最优产业结构相互匹配,才能有效发挥金融体系功能,促进实体经济的发展。随着供给侧结构性改革的不断深化,我国金融体系结构是否与转型升级中的经济结构相匹配? 在日趋丰富和复杂的金融体系中,钱都去哪了? 资金是否流向了实体经济? "小微企业""三农"等社会薄弱环节和民营企业的融资需求是否得到有效满足? 绿色信贷是否足够支持绿色经济发展? 实体经济的直接融资比重是否有所提高? 等等。在当前推进经济高质量增长的转型阶段,这些经济结构变化,以及金融体系与之适应的演进问题更值得关注。

高质量发展要求货币政策稳健中性,并加快从数量型调控为主向价格型调控为主转变。从货币政策取向看,高质量发展阶段,既要防止总需求短期过快下滑,也要防止"放水"固化结构性扭曲,推升债务和杠杆水平。去杠杆千招万招,管不住货币都是无用之招。只有坚持稳健中性的货币政策才能为供给侧结构性改革和高质量发展营造适宜的环境。只有淡化 M2、社会融资规模等数量指标,才能真正淡化 GDP 增长目标,从关注规模转向关注质量。从货币政策调控方式转型看,由于我国金融市场在资金供求微观主体、金融监管制度、金融市场发展等方面存在一些问题,在向价格型调控为主的转型过程中,货币政策仍不得不在一定程度上依靠数量调控手段,同时加强宏观审慎政策,以确保金融稳定和产出物价等平稳发展。但要充分认识到,过度依赖数量调控方式将降低利率传导效率和货币政策调控效果,为适应经济高质量发展的政策要求,我国必须大力推动金融市场发展,加快推进货币政策向价格型调控为主转型。

党的十八届五中全会坚持以人民为中心的发展思想,鲜明提出了创新、协调、绿色、开放、共享的发展理念。党的十九大报告中,"坚持新发展理念"成为新时代坚持和发展中国特色社会主义基本方略的重要原则和组成部分。从服务实体经济出发,金融工作必须认真贯彻创新发展理念。

首先,要发展金融市场支持创新发展。近几十年来全球科技创新的一个突出特征是"科技创新始于技术,成于资本"。在传统的竞争性行业中,由于技术稳定,投资者容易得到真实信息并达成共识,一家金融中介机构核实企业信息是有效的,因此金融中介机构优于资本市场;但在科技创新行业以及少数自然垄断的行业中,生产技术处于突变中,投资者之间分歧较大,众多投资者对企业信息的多重核实是必要的,因此资本市场优于金融中介机构。经济学研究指出,股权融资是企业研发最重要的外源融资方式;间接融资适合渐进的技术改良,而金融市场在支持根本性的技术创新上具有比较优势,因此德国、法国等间接融资主导的经济体的技术创新主要集中于成熟企业的技术改良,而美国涌现了大量以新技术为代表的创新企业。有研究学者的实证分析发现,对于依赖外部融资的技术密集型行业,一国股权融资业务越发达越能促进行业创新发展,而银行信贷业务的繁荣则对行业创新存在抑制。近年来,我国金融体系不缺资金,缺资本。刚性兑付、明股实债等问题扭曲了金融市场,资金无法有效大量配置到真正创新的中小企业上。只有金融市场形成比较完备的资本投资机制以及相配套的中介服务体系,才有可能加速科技创新成果向现实生产力转化,推动科技创新创业企业从无到有、从小到大,进而增强经济活力,形成新的经济增长点。

其次,普惠金融要平衡好创新和监管的关系。以"政府引导和市场主导"相结合为基本经验,中国普惠金融在账户普及率、储蓄普及率、小额支付和信贷等方面都取得了明显成效,多层次广覆盖的普惠金融机构和普惠金融产品体系基本形成。近年来,我们把利用数字技术作为推动普惠金融发展的政策着力点。在中国政府的积极倡导和推动下,G20 杭州峰会通过了《G20 数字普惠金融高级原则》。未来,需要重视改善数字普惠金融可能带来的数字鸿沟问题,坚决打击披着数字普惠金融外衣的非法金融活动,加强大数据背景下的数据安全和个人隐私保护技术,建立负责任的投资者适当性管理的消费者保护制度,加强基础监管制度建设,补齐监管短板,平衡好创新和监管关系,引导普惠金融规范发展。同时,促进普惠金融的发展和金融扶贫,还要更好地处理金融和财政的关系,应关注金融的可持续发展,避免金融承担财政职能。近年来,普惠金融领域一些改革方案设计不科学不合理的问题突出,多重目标存在冲突,重点模糊,行政性抑制性措施导致监管套利,改革执行效果与初衷南辕北辙。比如,以加强金融服务小微企业为目标,要求金融机构既要加大小微企业信贷投放资金,又要防控风险,不得上升不良资产,还要不提高小微企业贷款利率。三大要求基本上无法同时满足,金融机构在这样的约束下,提供小微企业信贷的动力极低。相当大一部分号称"低息"的小微企业信贷,只是借助政策支持的名义,以小微企业信贷为通道,资金实际流向了地方政府的融资平台和房地产市场。小微企业融资问题,主要矛盾是融资的可得性,要增加小微企业获得融资的机会,就必须提高对风险和贷款利率风险溢价的容忍度。当然,财政可以对小微企业进行直接补贴以降低其经营成本。

再者,发展绿色金融。通过市场化的手段将生态环境影响的外部性内生化,来达到降低污染性经济活动的目标,是发展绿色金融的基本逻辑和思路。2016 年,我国发布《关于构建绿色金融体系的指导意见》,提出了中国绿色金融政策框架的顶层设计。从政策角度讲,明确绿色标准是前提,推动可持续发展是关键,探索绿色金融创新是重点,顶层设计与基层探索相结合是方法,切实防范风险是底线。下一步,需要鼓励绿色信贷、绿色债券等绿色金融产品创新发展,开发碳金融等市场化产品,推动行业环境风险压力测试,为绿色投融资提供环境风险量化工具,鼓励和支持有条件的地方通过专业化绿色担保机制、设立绿色发展基金等手段撬动更多的社会资本投资于绿色产业。此外,要发展绿色指数及相关产品,推动强制性绿色保险制度以及建立强制性环境信息披露制度。应探索建立全国统一的碳配额交易市场,在这样的市场架构下,一些地区,如新疆就可以发展清洁能源和碳汇产业并通过统一的碳配额交易市场转让碳配额,通过市场化的方式获得经济发展的资金。

金融体系及其功能应内嵌于现代化的国家治理体系

在经济金融全球化、开放程度不断扩大的环境下,国际竞争本质上是制度的竞争。由于资本和劳动力的流动性大幅提高,体制

机制更完善的国家能更好地吸引资本和人才,实现生产要素的积聚,把握竞争优势。就经济而言,制度的竞争力体现在活力、效率和弹性方面:活力即能否最大限度调动和发挥微观主体的积极性;效率即社会资源能否得到科学合理的配置;弹性即抵御冲击、自我修复的能力。目前各国都在推动结构性改革,谁改革的步子走得更坚定更扎实,制度更有竞争力,谁就能在未来的国际竞争格局中脱颖而出。

金融是实体经济的血脉,金融制度的竞争力相当大程度上决定了经济制度的竞争力。金融治理是国家治理体系的重要组成部分,应包括以下几个方面:市场化的利率体系在资源配置中发挥决定性作用,同时市场化利率"放得开、形得成、调得了";汇率具有充分弹性,有效维护国际收支平衡和货币政策自主性;多层次的金融市场体系规则统一、信息透明,具有广度和深度,有效满足多元化的投融资和风险管理需求;金融机构具有完善的公司治理和风险内控机制;金融调控体系专业稳健、传导有效,适应开放条件下现代市场经济发展要求;金融监管体系有力有效,适应现代金融市场和综合经营发展,守住不发生系统性金融风险的底线。

金融与实体经济互为镜像,我国当前实体经济存在的突出问题和挑战,比如"僵尸企业"、高杠杆、地方政府债务、房地产价格泡沫等,既是经济运行中长期内在矛盾的积累和暴露,也有金融体系在国家治理体系中的重要功能没有充分发挥的原因。应坚持问题导向,针对我国重点领域存在的"灰犀牛"问题,充分发挥金融治理的作用,服务实体经济转型,使全要素生产率和竞争力得到提升。更好发挥金融治理在国家治理体系和治理能力现代化中的作用,关键是处理好以下几对关系:政府与市场的关系,财政与金融的关系,去杠杆与完善公司治理的关系,金融风险防范与治理机制完善的关系,人口老龄化、养老金可持续与资本市场的关系。

(一)政府与市场的关系

我们需要什么样的市场经济体制,什么是"好的市场经济体制"? 关键是正确认识和处理政府与市场关系,"使市场在资源配置中起决定性作用,更好发挥政府作用"。市场机制的一个重要特征就是优胜劣汰、自主出清。近几年来,我国经济发展进入新常态,产能过剩、杠杆率高企等结构性矛盾日益显现。这些现象实际上是我国曾在一段时间过度迷信凯恩斯主义经济政策的结果:寄希望于通过积极的宏观调控刺激增长,通过增量扩张来消化存量矛盾,政府替代市场配置资源,阻碍了市场自主出清的过程,导致一些结构性矛盾固化并加剧。2008年全球金融危机后,我国出台了"4万亿"投资刺激计划,在全球范围内率先复苏。但过度依赖总需求管理维护宏观稳定,一方面破坏了市场机制在传递信息、形成激励、资源配置、收入分配等领域的基础性功能,另一方面也阻碍了政府在弥补市场失灵等方面更好地发挥作用,导致体制机制建设进展缓慢,结构性矛盾积小成大。

第一,杠杆率高企是过度刺激激化结构矛盾的综合反映。一是杠杆率上升速度较快,杠杆率上升速度与危机紧密关联。二是非金融企业部门杠杆率问题突出,风险集中体现在地方政府融资平台和国有企业。三是金融业的杠杆率攀升,存在风险隐患。杠杆率问题与短期刺激政策长期化密切相关,在过度追求GDP的大环境下,国有企业和地方政府融资平台一味扩张资产规模,没有及时补充资本金,甚至"明股实债",过度透支政府信用,导致杠杆率不断攀升。

第二,"僵尸企业"是监管宽松和宏观调控软弱的必然结果。"僵尸企业"一词源于对日本经济增长长期停滞的研究。银行持续为高度低效、债务缠身的企业("僵尸企业")提供财务支持,是日本经济出现"失去的十年"的重要原因。宽松的货币政策是"僵尸企业"形成并维持生存的重要背景。在低利率的条件下,银行能够提供更多的利率优惠条件,使得高负债企业能够较轻松地支付利息,掩盖其经营状况恶化的现实。金融监管宽松纵容银行从事"僵尸借贷"是"僵尸企业"大量存在的政策推手。"僵尸企业"维持生存主要是依靠银行"僵尸借贷"输血,而银行在明知其不具备偿贷能力的情况仍然供血,主要是希望通过续贷延迟不良资产的暴露,形成账面上的监管合规,金融监管宽松是重要的根源。近年来,这一概念被引入对我国产能过剩行业的研究分析。有研究指出,"僵尸企业"僵而不死、退而不出是产能持续过剩、市场难以出清、经济活力降低的直接原因。"僵尸企业"对其他企业,尤其是私有企业存在明显的挤出,可能是近年民间投资疲软的重要原因之一,减弱了金融对实体经济的支持。

不仅企业部门没有市场出清,金融部门也没有实现市场出清。1998年就已经倒闭的海南发展银行,至今仍未完成破产清算,资产缺口仍在不断扩大。这说明金融机构的市场化退出机制仍未建立,行政干预、行政管制的偏好仍然很大程度上存在,金融生态主体"优胜劣汰"的自然规则还没有完全形成,影响了金融体系的市场化出清,进而不利于金融机构公司治理,其结果必然是金融体系效率不断下降。在存款保险制度已经建立的情况下,应尽快探索建立起优胜劣汰的金融机构市场退出机制,强化金融机构公司治理的外部约束,促使其审慎稳健经营。

第三,过度刺激政策在固化结构矛盾的同时,也带来了效率下降和贫富差距扩大的问题。刺激政策对国有企业投资扩张作用强,对民间投资更多是"挤出"而非"挤入",由此形成投资回报率和投资增速明显错配的格局,降低资源配置的效率。过度刺激政策的另一后果是资产价格的上涨,从而进一步扩大贫富差距,这与全面实现小康的目标相违背。根据北京大学中国社会科学调查中心发布的《中国民生发展报告 2015》报告,中国的财产不平等程度在迅速升高,2012 年我国家庭净财产的基尼系数达到 0.73,顶端 1%的家庭占有全国 1/3 以上的财产,底端 25%的家庭拥有的财产总量仅在 1%左右。

理顺政府与市场的关系,使市场在资源配置中起决定性作用,更好发挥政府作用,必须坚定深化供给侧结构性改革,通过市场出清实现结构调整。如果过度追求短期和局部稳定,必然会使"僵尸企业"僵而不死、过剩产能退而不出、问题金融机构无法出清,还会迫使货币政策过度宽松,小风险不处理最终酿成大危机。

(二)财政与金融的关系

财政与金融关系的制度安排是现代经济体系的核心制度之一。我国处于完善社会主义市场经济的转型期,财政与金融关系的失衡仍然存在,具体表现为:

第一，从资源配置实践看，政府在资源配置中比重上升与财政责任转嫁并存。我国地方政府融资模式从过去的"土地财政＋平台贷款"模式向"土地财政＋隐性负债"模式转变，通过"明股实债"的 PPP 项目(Public-Private Partnership，又称 PPP 模式)融资、政府引导基金和专项建设基金等方式规避对地方融资平台融资功能的限制，地方政府债务风险攀升且高度不透明，财政风险可能直接转化为金融风险。截至 2017 年年末，我国地方政府债务余额 16.47 万亿元，加上中央财政国债余额 13.48 万亿元，政府债务余额为 29.95 万亿元，政府负债率(债务余额除以 GDP)为 36.2％。地方政府利用财政等手段干预金融资源配置，通过财政存款、财政补贴、高管任免奖励等手段诱导金融机构加大对当地经济建设的资金支持。在 1997 年国有商业银行剥离不良资产、1999 年金融资产管理公司对央行举债、2003 年以来对证券公司等金融企业重组注资过程中，中央银行提供大量金融稳定和金融改革再贷款，承担了本应由财政承担的责任。

第二，从政策层面看，财政政策与货币政策之间的冲突仍然较多。"财政政策缺位、货币政策被迫补位。"[1]货币政策属于总量调控政策，侧重于短期总需求调节，结构调整并非强项。因此，经济结构调整应"以财政政策为主和货币政策为辅"。而在我国的实践中，由于政府职能转变滞后，财政在"三农"、教育、医疗、社会保障、自主创新、节能减排、生态保护等领域的投入严重不足，历史欠账

---

① 　徐忠：《系统性再论财政与金融的关系》，《经济研究》，2018 年第 7 期。

问题没有完全解决,资金缺口仍然较大,倒逼货币政策不得不承担部分结构调整的职能,影响了宏观调控的总体效果。国债的发行规模和期限,简单从财政功能出发,只考虑财政赤字、平衡预算以及降低发行成本的需要,忽略国债的金融属性及其在金融市场运行和货币政策调控的重要作用,导致国债收益率作为金融市场定价基准的作用无法充分发挥。

第三,从监管层面看,财政作为国有金融资产所有者越位和缺位并存。在现行国有金融资产管理体制中,财政部首要身份应是国有出资人,作为股东参与金融机构公司治理实现国有资产保值增值;但又以公共管理者自居,国有金融资产的"委托—代理"关系更多地体现为行政性的上下级关系,容易出现身份定位上的冲突和混乱。

破解财政与金融失衡的体制根源,有必要从以下方面入手。

一是划清政府和市场的边界,推动财政与金融双归位。使市场在资源配置中起决定性作用,更好发挥政府作用,政府应避免对经济活动的直接干预,减少对私人部门的挤出,将资源配置的主导权留给市场,并为市场更好地发挥资源配置功能创造条件。推动建设财政向公共财政转型,核心是财政尽量不直接参与经济建设和市场活动,主要为维护市场提供必要的公共物品和公共服务。要主动限制财政及其他广义政府经济活动,为市场的培育和发展拓展空间,使社会融资更多地流向企业和个人,把投资机会和风险让渡给市场,使市场参与主体在分散决策、试错与创新中发现新的经济增长点。

二是合理界定财政政策、货币政策各自边界,加强财政政策与货币政策的协调,形成政策合力。货币政策侧重于短期总需求调节,以保持价格稳定和经济总量平衡,为供给侧结构性改革提供适宜的货币金融环境。财政政策应更侧重于经济结构调整,发挥对定向调控的支持作用,服务于中长期经济发展战略。为进一步理顺财政部和央行之间的关系,政府债券发行应充分考虑对金融市场的影响和作用。加强财政预算管理,提高财政预算的准确性和精细化,减少财政存款波动及国库现金管理对银行体系流动性管理的扰动。加快完善适应中央银行履职需要和业务发展的独立财务预算制度和会计标准,建立健全中央银行准备金提取、损失核销和资本补充等机制,落实人民银行财务亏损由中央财政弥补的法律规定。

三是厘清财政的股东职责与金融监管的边界。财政作为国有出资人,应立足于股东身份,通过完善金融机构公司治理实现国有资产保值增值,不能将自我定位为金融机构的管理部门,既当裁判,又当运动员。

(三)去杠杆与完善公司治理的关系

我国宏观杠杆率过高,表现为非金融企业部门债务率较高,尤其是地方政府融资平台和国有企业,实为政府隐性负债。其中国有企业高杠杆与国有企业公司治理不完善密切相关。多数企业虽然已经初步搭建了"三会一层"的治理架构,但公司治理在内容和质量方面还存在明显的不足,"形似而神不至"。一是国有出资人实际缺位。在链条复杂的授权体系下,虽然国家或政府(财政)作为大股东客观存在,但全民对政府(财政)、政府(财政)对企业管理层的双重委托代理机制难以起到监督和制衡作用,国有股股东权利事实上缺乏有效保护。同时,中小股东权利被忽视。中小股东缺乏话语权,对公司治理的积极性不高,"同股同权"语境下,小股东权益无法得到贯彻落实,使得股东大会、董事会的作用下降,经营管理和决策也并非完全的市场行为。二是缺乏有效的制衡机制。一些企业"三会一层"之间的边界不清晰,董事长"一长独大"现象突出,变成了所谓的一、二、三把手排序,"三会"制度失去了相互制衡的作用。综合了英美法系与大陆法系公司治理结构特点的董事会、监事会设置,却因没有将审计等职责赋予监事会,在客观上限制了后者的监督职能。三是信息披露不充分。有效的公司治理框架应确保公司所有重大信息的及时准确披露,披露的范围不仅包括公司财务和经营业绩,还应涵盖非财务信息、关联交易等。而我国公司治理实践中,部分企业涉及经营的重大事项,如薪酬、风险管理状况、公司治理、年度重大事项等信息,都没有得到及时、充分、有效披露,外部约束力量过于薄弱。

落后的国有资本管理模式是我国无法有效实现公司治理和现代企业制度无法建立的根本原因。我国部分政府部门和监管机构对于公司治理制度框架的认识,很大程度上还停留在部门管辖、行业管理的较低层次,政策着力点更多地放在了如何管企业、如何用政府的力量推动企业做大做强。国资部门、金融监管部门等从各自利益出发,制定各自的原则,实际上还是在搞部门所有制和"封建式"监管,缺乏顶层设计和系统考量,走的依然是行业主管部门全面管企业的老路,由此产生的政资政企不分、发展和监管职能不分、企业经营行为和资源配置违背市场化原则等弊端也就不足为奇了。一个典型的现象就是混淆了资本和资产的差别。国有企业的管理者和相关管理部门将国有资本曲解为国有企业的资产,忽视了国有资本的真正含义是,资产减去负债后的"净资产"所有权。"做大国有企业"被等同于"做大国有企业资产规模",忽视了资本金补充,最终导致国有企业的高杠杆。

近年来,我国推行市场化债转股工作,本意是探索通过金融市场的方式改善企业公司治理。"债转股"是指"当商业银行的贷款对象出现一定问题时,商业银行所采取的一种资产保全方式"①,是在常规的贷款回收手段难以奏效,而直接破产清盘又可能损失偏大时采取的一种"比破产清盘可能合算一点"的选择,是债权回收的"倒数第二招",而破产清算是最后一招。表面上看,"债转股"可以降低企业财务成本、避免企业直接破产、保全商业银行资产。但从根本上讲,"债转股"只有实现企业公司治理和经营状况的改善,才能实现真正优于直接破产清算的结果,达到债权人与债务人的双赢。

但实践中,我国市场化债转股偏离了"债转股"的本质,改善企业公司治理的作用没有充分发挥。一是定位于降低财务成本而非改善公司治理。"债转股"企业中一部分其实是优质企业,只是因为杠杆率较高,缺乏补充资本金的途径,因而通过"债转股"调整会计账目、降低财务成本。另一部分企业确实经营困难、偿债能力不足,迫切需要改善公司治理和经营绩效,但这些企业一旦"债转股",就如同进入了政策托底、不会破产的保险箱。由于没有破产

---

① 周小川:《关于债转股的几个问题》,《经济社会体制比较》,1999年第6期。

清算的压力,无论是企业还是银行,通过"债转股"改善企业治理和经营的动力都不足,存在明显的道德风险。二是"明股实债"。一些企业"债转股"之后,股东与银行约定持股一定期限后对股权进行回购,并附加较高的收益率。名义上是股权,但实际上仍然是固定收益的债权,属于会计报表的就地调整,银行持有的企业资产属性并没有本质的改变。因此,银行仍然在企业公司治理中"置身事外",既不派出董事,也不参与日常经营,只是静候股权清盘退出。这与"债转股"通过银行持股,改善公司治理,增强企业盈利能力的初衷南辕北辙。

彻底改善国有企业公司治理,必须充分发挥金融治理的作用。应当充分结合我国实际,从加强金融机构持股、鼓励职工持股、探索控股公司模式、通过"双层结构"加强党的领导以及实施市场化的激励约束机制等方面入手。

一是鉴于我国间接融资主导的实际,短期内的可行选择是加强金融机构持股。金融机构持股,包括"债转股"之后的银行持股、社保基金在划拨国有资产之后持股等,是现阶段既有效补充国有企业资本金,又加强企业内部制衡、完善公司治理的唯一选择。首先从补充资本金的需求看,金融机构的作用难有替代。私募股权等理论上更合适的"债转股"投资主体既无法提供如此大体量的资本金,同时自身存在发展不规范不健全的问题,企业去杠杆、补充资本仍需依靠银行、保险的资金支持。其次从改善公司治理看,金融机构能发挥积极的制衡作用。国有企业公司治理不完善的一个重要原因是行政干预较多,而制衡力量不足。金融机构作为独立的经营主体,具有改善经营、回收资产的主观动力,又有相对较强的谈判筹码和博弈能力,能在一定程度上制衡行政干预,在"三会一层"的决策中充分反映利益相关方的声音。当然,金融机构与企业经营,各自侧重点不同。彼之蜜糖,我之毒药。要实现改善公司的治理目标,银行、保险等金融机构必须借鉴产业投资基金做法,通过市场化的激励约束机制,遴选出合格适任的专业人才,而非简单地直接参与。

金融机构持股的背后是金融模式选择的问题。从国际实践看,按照金融机构与企业关系的亲疏远近,大致有三种金融模式:以美国为代表的保持距离(arm's length)的"盎格鲁-萨克逊"模式,以日韩为代表的控制导向(control oriented)的日韩模式,以及以德国为代表的介于"盎格鲁-萨克逊"模式和日韩模式之间的莱茵河模式。三种模式下,不同国家的金融机构持股银行方式存在明显的差异,美国对金融机构持股企业施加严格限制;日本虽然也有对银行直接持股企业的比例限制,但大银行可通过其控股的小银行间接持有企业股权,从而突破直接持股企业的监管限制,此外还可通过财团中的核心地位对财团旗下的实体企业享有较强的控制力;德国银行以资本金的一定比例为限持股企业,在企业监事会中扮演重要角色,从而施加对企业的影响。

一国的金融模式与该国股权融资发达程度、市场竞争程度、法律体系、金融业综合经营程度等相关因素相匹配、相适应。比如,美国资本市场高度发达,外部股东对企业经营构成有效监督,是防范并承担风险的第一道防线,因此银行作为偿还优先级较高的债权人,在企业正常经营状态下可依靠企业内部治理,只在企业经营不善时介入,银行控制和影响企业的主观意愿相对较低。同时,高度竞争的金融市场中,无论银行还是企业都可自由选择合作伙伴、"用脚投票",金融机构想掌握企业控制权亦不具备客观条件。而在日本,由于金融市场的外部约束较弱,外部股东作用有限,同时财团的控制力和影响力较强,因此银行既有意愿,也有能力与企业建立紧密的股权联系,施加较强的控制力。

我国目前金融模式较为模糊,既不像"盎格鲁-萨克逊"模式,也不像日韩模式和莱茵河模式。20世纪90年代我国曾一度倾向于日韩模式,但由于日本泡沫经济破灭,又觉得日韩模式走不通,还是得走"盎格鲁-萨克逊"模式,而实际操作中三心二意,作为"盎格鲁-萨克逊"模式前提的资本市场始终没有发展起来。金融体系的发展最终需要选择一种模式。"盎格鲁-萨克逊"模式可能是更好的选择,如果选择了就要坚持,不能一遇到挫折就叫停IPO。而根据我国目前的实际情况,"盎格鲁-萨克逊"模式也不可能一蹴而就。现阶段要降低杠杆率、为企业补充资本金可能仍需参考日韩模式和莱茵河模式,允许银行适当持股并积极发挥股东作用。对银行持股企业的限制可基于审慎监管的考虑,银行持股比例与资本金挂钩,比如德国要求银行持有单一企业股份不能超过银行资本的15%;银行持有企业股份总计不能超过银行资本的60%。

二是探索职工持股计划。职工是企业重要的利益相关方,也是企业治理的重要参与者。《中共中央、国务院关于深化国有企业改革的指导意见》明确要求"强化企业内部监督……健全以职工代表大会为基本形式的企业民主管理制度,加强企业职工民主监督"。职工持股是进一步维护职工在企业中的权益、强化职工参与企业管理的重要形式,有利于提供激励、吸引并留住人才、提升企业的核心竞争力。要充分汲取过去职工持股尝试的教训,要让职工以真金白银的方式购买并持有企业股权,而不是采取直接分配制。可以探索股票期权的激励方式,并完善相关会计制度。通过锁定期和交易限制的方式防止内幕交易和价格操纵。

三是探索通过控股公司模式完善国有企业公司治理。建立"国资委—控股公司(国有资本投资运营公司)—国有企业"三层架构,取代"国资委—国有企业"两层管理结构,不仅符合以国有资本改革带动国企改革、政府仅以出资人身份管理国有资产的思路要求,而且将进一步明确国有资本的权属及以国资委为代表的相关政府机构的职能定位,有效消除由政府意志和利益干预甚至直接决定国有企业行为而造成的工作积极性降低、流程化管理低效等问题,有利于国有企业建立现代企业制度,确保"政企分开"。

在国有金融资本管理领域,2003 年成立的中央汇金公司,就是实践了"国务院—金融控股公司(汇金公司)—国有金融机构"三层次结构。其核心思想是组建一家金融控股公司,按照市场化、法制化和专业化的原则来管理国有金融资产。这种模式的最大优点在于能够比较彻底地切断国有金融资本和政府职能机构的行政性联系,在隶属关系上与其脱钩,阻断来自政府的行政干预。国有金融资产控股公司行使出资人职能,能保证"人格化"的所有者代表,这对于解决出资人自身的激励约束,增强对代理人的监督和考核,都具有积极的作用。但自 2007 年 9 月中投公司成立后,汇金公司成为中投公司的全资子公司。原本有关剥离政府职能机构出资人职能的改革尝试基本停滞,管理模式再次回到政府职能机构干预金融资产日常经营活动的老路子上,中投公司也因无法完全与代表国家行使国有金融机构股东职能的汇金公司之间完全隔离,多为国际市场所诟病,自身开展投资业务的盈亏情况也经常被过分解读。

要正确认识"坚持公有制为主体"与控股公司模式的关系。目前的国有资本管理以"国家所有"代表"全民所有",是沿袭了计划经济时代公有制的实现形式,并不是公有制的唯一实现形式。党的十五大就已突破了传统理论认为社会主义公有制只有国有和集体两种形式的论断,提出"公有制实现形式可以而且应当多样化"。控股公司模式就是探索"社会所有"或"基金(社保基金)所有"代表"全民所有"的公有制新模式。有研究指出,公众(或"全民")对于国有企业(或全民所有制企业)至少有三条渠道(或机制)来贯彻他们的意志和利益。一是作为劳动者通过政府的政策与计划以及企业负责人的经营决策来贯彻的,即劳动者主权;二是作为消费者通过自己在市场上的购买来贯彻的,即消费者主权;三是作为投资者直接地通过有价证券或间接地通过"基金"来贯彻,即投资者主权。一旦政府的政策或计划抑或企业决策有违公众的意志和利益,劳动者主权受到削弱,则公众不仅可运用消费者主权而且更可运用投资者主权进行反馈,给政府以制约。控股公司模式强化了公众的投资者主权,比国家所有更能完满地贯彻与实现全民所有制。

四是可通过"双层安排"实现加强党的领导和完善公司治理的统一。第一层,把国有资本出资人身份与董事会职权结合起来。党可代表多数股权支配董事会决议,既实现党管国企所有权,切实保护国资出资人利益,实现出资人控制力,同时把管干部、国家战略目标和利益、收益权及分配、奖惩、纪律、对外协调等整合在一起,类似于过去讲的"人、财、物"综合管理,避免事无巨细、"一竿子插到底"。与此同时,切实落实"同股同权"原则,解决好支持非公有制成分、鼓励民营、外商投资的关系,提高企业重大经营决策过程中的透明度,保护中小股东参与公司决策和利益分配的权利。第二层,成立公司经营层面和面向基层干部、员工的党委。发挥党组织的政治核心作用,包括理想信念教育、组织保障、纪律检查、人员资格审查以及职工利益保障等方面的控制力。"双层安排"既符合现代企业公司治理结构,又使董事会和经营层面的党组织作用划出层次。

(四)金融风险防范与治理机制完善的关系

我国金融风险整体可控,但在一些重点领域金融风险隐患较为突出,背后是金融治理机制的建设问题。

一是地方政府债务。我国地方政府债务风险总体可控,但隐性债务风险突出,地方政府融资平台和部分国有企业存在隐性担保,一部分国有企业的负债实际上构成地方政府的隐性负债。2017年年末,中国规模以上工业企业资产负债率已降至有公开数据以来最低的55.5%,但国有企业资产负债率仍稳定在65%左右,很大程度上源于民营企业去杠杆速度高于国有企业,表明地方政府隐性负债压力持续存在。随着地方政府融资约束硬化,其融资需求仍需有序释放,"开正门"才能实现风险有序出清。

理顺中央和地方的财税关系,建立地方政府融资市场化约束机制是解决地方政府债务问题的根本出路。首先是要理顺中央和地方的财政关系,稳定地方财力和财权,培育地方主体税种,推动房地产税改革试点。其次是建立"一级政府、一级财政、一级预算、一级税收权、一级举债权"体系,各级政府的财政相对独立、自求平衡,放松中央政府对债务额度的行政性约束,发挥地方人大的约束作用,由地方人大自主决定发债的额度、期限和利率,提高地方政府举债额度,彻底打开地方政府规范融资的"正门"。完善治理体系,提高债务信息的透明度,更多发挥金融市场的约束作用。再者是探索建立地方政府破产机制。地方政府破产机制是现代财政制度的重要组成部分,实行分级财政体制的国家广泛建立了地方政府破产机制。从国际经验看,政府破产指政府财政破产,不等于政府职能破产,破产政府仍承担公共服务的义务,不会出现无政府状态;破产后地方政府必须通过控制支出、增加收入以改善赤字和偿还债务,恢复财政可持续状态;为防范道德风险,中央政府不会无条件救助破产的地方政府,地方政府若接受中央救助,必须牺牲自治权力。在我国探索建立地方政府财政破产机制最大的意义在于明确政府决策责任的分级模式,让责任模式回归到"谁借谁还"的风险承担的范畴之内,倒逼各级政府在举债谋发展时,量力而行,有多大财力制定多大的发展目标,推动城市化的可持续发展。我国探索地方政府破产制度时,要明确财政破产不等于无政府,政府对治安、教育、医疗、养老等公共服务事项继续提供服务和保障;金融市场要在债务监督中发挥重要作用,要打破刚性兑付,投资者要承担地方政府破产的损失,形成投资者主动甄别地方政府融资能力和信用等级的正向激励,倒逼地方政府规范财政运行管理并提高透明度,切实发挥市场的约束作用;强化问责,在干部考核和选拔任用中加入财政管理绩效的指标,落实全国金融工作会议关于"严控地方政府债务增量,终身问责,倒查责任"的要求。

此外,还应落实同股同权,吸引民营资本参与到垄断性行业中。事实上,地方政府持有不少优质资产,但由于地方政府遵循类似企业经营的理念,在破产约束不足的背景下缺乏用优质资产市场化折现或融资的意愿。因此,要真正落实简政放权,就需要让民营资本参与到垄断性行业中。目前我国一些垄断行业的市场准入关卡仍然难以逾越,部分领域即使开了一道口子,但背后还有一道道的"玻璃门""弹簧门""旋转门"。应该抓紧制定出台大幅放宽电力、电信、交通、石油、天然气、市政公用等领域市场准入的方案和政策措施,制定出台支持民间资本发展养老、健康、家政、教育培训、文化教育等服务的具体办法。同时,实施更具包容性的财税政策、产业政策,营造公平竞争环境,创新垄断行业与民间资本合作机制,避免"只让出钱、不让发言"的不平等合作方式,努力做到同股同权。既为地方政府提供融资、补充财力,又能实现资源优化配置,提高全要素生产力。

二是居民部门杠杆。我国居民部门杠杆上升较快,且可能存在被低估现象。2017 年,我国住户部门杠杆率为 55.1%,比上年高 4 个百分点。考虑到居民普遍存在通过借贷筹集首付的行为,且通过互联网金融,如蚂蚁金服"借呗"、腾讯"微粒贷"、京东"金条"等产品的借贷未计入居民负债,因此我国居民杠杆率可能更高。

居民部门负债中相当大一部分借贷是用于满足购房需求,居民杠杆率快速增长也反映出我国房地产市场的明显扭曲。当前

一、二线城市严格调控,三、四线城市政策相对缓和。一、二线城市市场供求矛盾并不直接反映在价格上,而是反映在量缩价稳、推迟网签、价格失真、库存虚高等方面;三、四线城市的棚改、货币化补偿政策,消化了库存,市场热度高,但容易导致盲目乐观。如此一来,居民的资金流向三、四线城市买房,这是泡沫以另外一种方式在体现。

如果不完善房地产市场健康发展的长效机制,只能"按下葫芦起了瓢",仅仅是把一些问题暂时掩盖了,并没有真正地解决房地产的问题,并导致居民部门杠杆率的持续攀升。这就需要首先建立全国城乡统一的土地当量市场,这是既保持 18 亿亩的耕地红线,又实现土地市场市场化供给,增强供给弹性,适应城市化、区域化发展,提高土地使用效率的唯一出路。随着土地市场化,需要进一步改革完善土地招拍挂制度,实现土地供给市场化。其次,推进房地产税改革试点,应由人大授权,按照"宽税基、低税率、可负担、含存量、逐步实施、激励相容"的原则,选取部分城市和地区进行房地产税改革试点,形成可复制可推广的经验。同时也要鼓励各地探索适合本地的房地产长效机制。

(五)人口老龄化、养老金可持续与资本市场的关系

人口老龄化是我国养老金可持续发展面临的一大挑战。2017年我国劳动年龄人口有 90199 万人,2012 年以来持续 6 年下降。生育政策放松对新增人口的利好作用并不显著,而随着收入水平的提升,生育意愿和总生育率下降的趋势往往不可逆转。在此背景下,有效引导养老储蓄对接长期投资,为居民提供有力的养老保

障是养老金可持续发展的关键。

　　然而近年来,我国养老金体系的缺陷不断暴露。一是个人账户空账现象。我国名义上采取"统账结合"的部分积累模式,但由于个人账户是空账,资金已被挪用于发放当期的养老金,实际上是现收现付制,在人口老龄化、劳动人口占比下降的背景下不可持续。哈佛大学教授马丁·费尔德斯坦认为,现收现付制不仅不能有效应对人口老龄化的挑战,还会"挤出"个人储蓄,降低投资和产出。二是养老体系"碎片化",压力过度集中于第一支柱。我国养老金体系第一、二、三支柱分别对应政府的基本养老保险、企业年金、个人商业养老保险,第二、三支柱占比极低,使得养老压力集中于社保基金。2016 年美国养老金一、二、三支柱分布为 22%、39%、39%。三是养老金投资范围受限,在引导资金投向和资源配置中的重要作用没有充分发挥。以往的养老金投资政策过度追求安全性,受限于投资品种太少,收益十分微薄。过去,我国社会保险的基金结余,除了留足一定期限支付外,全部只能购买国债和存银行,年化收益率只有 3% 左右。相比之下,从 2007 年至 2017 年,房地产的累计收益率高达 766%,黄金的收益率为 106%,沪深 300 指数收益率为 97%,企业债指数收益率为 78%,上证 50 指数为 58%。过低的回报使大量储蓄不愿投入养老金,转而投向房地产市场进行短期投机。四是基本养老保险全国统筹,缴费的正向激励不足。全国统筹带来的以盈补缺现象,会挫伤养老金盈余省份的缴费积极性,也会降低亏空省份弥补空额的动力,形成不缴少缴亦享受养老、"养懒人"的负向激励。

改革完善养老金体制,应充分认识养老金具有社会保障和金

融中介的双重属性,重视资本市场的长期投融资功能,养老金通过引导养老储蓄投向长期投资,既实现了基金的收益性,提升了养老金的吸引力,又能促进资本市场发展和企业公司治理的改善。

第一,做实个人养老账户。由现收现付转向基金累积,使账户产权更为清晰,实现"多缴多得"的正向激励。此举可谓"一石三鸟"。一是强调个人养老责任,实现个人养老责任和收益的良性互动。二是将家庭部门的短期储蓄变成"长钱",发展直接融资市场,有效支持"去杠杆"。据估算,2020年我国GDP将达到100万亿元,家庭金融资产将达到200万亿元。按照家庭资产负债表的结构,30%的家庭金融资产将用于养老,资金规模大概达到60万亿元。其中第三支柱个人账户留存的资金余额有40万亿元。如果交给专业机构运营,并假设20%配置在股权融资市场,资金约有8万亿元。只要科学、综合、审慎地配置在股权融资中,可以形成"长钱",实现养老基金长钱与企业股权融资的期限匹配,同时也是企业部门去杠杆的重要驱动力。三是发展机构投资者,增强金融市场的稳定性。长期以来,我国资本市场散户多、波动性大、炒作风气浓,削弱了资本市场的吸引力和服务实体经济的能力。机构投资者具有信息优势、规模优势,有着较为专业和科学化的投资决策模式,行为更接近于有效市场假说中的"理性经济人",其市场地位的提高将有利于促进金融市场健康稳定的发展。此外,还应大力发展养老金的第二、三支柱,补上短板。

第二,划拨国有资本补充社保基金。首先,以国有资本补充社保基金,是偿还社保制度转轨的历史欠账。1997年建立社会统筹与个人账户相结合("统账结合")的部分积累制度时,政府没有承担转制成本以弥补老人未交费造成的缺口,而是按照以支定收的原则,通过提高养老金费率的方式由企业和职工来承担缺口。因此,通过国有资本补充社保,弥补当年视同缴费而造成的养老金历史欠账理所应当。其次,社保基金持股国有企业并行使出资人职责,可探索以"基金所有"代表"全民所有"的新型公有制形式,改善国有企业公司治理现状。一是养老金作为独立运营的市场主体,能相对独立地行使股东职责,避免行政部门的干预,避免政企不分、政资不分,彻底改变行政管理替代公司治理的问题。二是养老金管理者以股东利益最大化为主要目标,有利于国有企业不偏离市场化的运营方向,确保国有资本保值增值。

第三,继续实行地方统筹,并提高养老金的可携带性。短期看,全国统筹虽然可以通过增强调剂基金余缺的能力以应对人口老龄化较为严重的地区的养老金收支缺口,但是长期来看道德风险问题突出,不利于养老金体系的长期可持续性。参照国际经验,继续实行地方统筹,并提高养老金的可携带性是更优的改革方案。同一个居民在多地就业后退休,其统筹账户养老金待遇实行"各省分段缴费、分段计算待遇、集中发放养老金",既可以提高劳动力市场跨地区就业的灵活性,又能提高人们参加社保体系的积极性,扩大社保覆盖面,完善社会安全网。可在中央基本要求和原则框架内,由省级地方政府负责个人账户制度设计,包括转移规则。实际上,在互联网大数据时代,中国的支付体系已经达到世界先进水平,完全具备"分段计算、归集发放"的技术条件。

第四,养老金投资运营要落实功能监管。应当按照"同类业务适用同等监管"的原则,针对养老金投资运营机构尽快建立统一准入规则。养老金投资运营机构参与资本市场活动应由证监会负责监管,维护养老金投资运营的安全性。

建设现代金融体系要遵循金融市场发展的一般规律

我国金融体系起步较晚,存在着不少问题和挑战,发达国家在其发展过程中也曾面临类似的情况。因此,应充分借鉴国际经验,深入总结和把握金融发展的客观规律,明确现代金融体系建设的目标和路径,少走弯路,充分体现我国的后发优势。

(一)正确认识金融业综合经营趋势

2015年11月,习近平总书记在关于《中共中央关于制定国民经济和社会发展第十三个五年规划的建议》的说明中指出:"近年来,我国金融业发展明显加快……特别是综合经营趋势明显。这对现行的分业监管体制带来重大挑战……要坚持市场化改革方向,加快建立符合现代金融特点、统筹协调监管、有力有效的现代金融监管框架,坚守住不发生系统性风险的底线。"①**我国一直以来推进金融监管体制改革,就是在构建与综合经营发展趋势相适应的金融监管体制。然而也有观点视综合经营为洪水猛兽,主张通过严刑峻法回到分业经营阶段,这是没有与时俱进的错误认识。**

---

① 习近平:关于《中共中央关于制定国民经济和社会发展第十三个五年规划的建议》的说明,新华社,http://www.gov.cn/xinwen/2015-11/03/content_5004118.htm.

第一，综合经营既是经济全球化发展的必然趋势，也是金融自由化、市场化发展的必然要求。主要发达经济体均已确立了金融业综合经营的发展方向，美国1999年通过《金融服务现代化法案》，废除了限制金融综合经营的《格拉斯-斯蒂格尔法案》；英国1986年出台《金融服务法》，大幅减少金融管制，鼓励金融综合经营。2008国际金融危机后，美国出台"沃尔克规则"，英国出台的维克斯报告提出了"围栏法则"，欧盟发布了"利卡宁报告"，其改革方向是完善综合经营的监管规则和风险防范机制，并没有颠覆金融业综合经营的大格局。原因在于金融业综合经营已成为实体经济和金融发展的内在需求。一是出于服务实体经济的发展需求，在经济全球化背景下，企业金融服务需求日趋综合化多元化，包括多样化的融资渠道、个性化的风险管理工具、便利化的支付交易手段等，这些需求只有通过金融机构综合经营才能提供"一站式"服务。二是可有效提升金融业竞争力，现代金融市场地位不断提升，金融脱媒已成全球趋势，综合经营能有效连接融合各金融市场、金融业态，实现最大化协同效应，是金融业提高自身竞争力的必然选择。

第二，综合经营本身不会放大风险，监管的不适应才是风险之源。一是理论上综合经营有利于金融机构分散降低风险。综合经营通过业务多元化实现"鸡蛋放进多个篮子"，有利于发挥协同效应，实现高效率低风险；但也会带来银证保（银监会、证监会、保监会简称）跨行业经营更高的管理成本，面临跨行业专业人才稀缺的约束。20世纪80年代以来，科技的发展极大地提升了金融活动的效率，放大了业务协同的收益，降低了跨业经营的管理成本，从而推动综合经营成为金融业不可逆转的发展趋势。也因此带来对分业监管体制的挑战,分业监管体制下监管机构各司其职,跨行业金融监管专业人才匮乏,很难实现与综合经营相适应的综合监管。二是次贷危机的风险根源不是综合经营,而是落后的碎片化监管。一些美国商业银行(如华盛顿互惠银行)遭遇困难,原因是传统银行业务的不良贷款,不是因为跨界从事证券业务;贝尔斯通、雷曼兄弟等投资银行实际从事商业银行业务极少,风险仍源于其证券主业。而危机爆发的重要根源之一,恰是禁止对活期存款支付利息的监管规定,该规定基于分业监管的角度限制银行对活期存款付息,是货币市场基金等"影子银行"大量替代银行活期存款、快速扩张并滋生风险隐患的重要原因。伯南克在《行动的勇气》一书中指出,混业经营不是问题,美国碎片化的分业监管才是真正的问题。盖特纳在《压力测试》一书中更为尖锐地指出,"美国的分业监管体系,充斥着各种漏洞和各种势力的角逐,充满着若隐若现的钩心斗角,然而却没人会为整个系统的稳定性负责"[①]。

第三,限制综合经营不可能消除风险,只会产生新的风险。限制综合经营是典型的"以准入替代监管"的错误认识,限制业务准入不可能消除风险,金融机构在其从事的任何业务上都可能选择更高的风险,监管应重点关注如何降低风险动机,而不是忙于设置市场壁垒。1933 年美国出台《格拉斯-斯蒂格尔法案》限制美国金融机构多元化经营,是基于对大萧条教训的错误认识,并未给美国银行业带来安全,反而由于其业务被长期束缚而加剧了风险。20

---

① 　盖特纳:《压力测试》,北京:中信出版社 2015 年版。

世纪 80 年代的储贷协会危机,其破坏性仅次于大萧条和 2008 国际金融危机。这次危机表面上是利率市场化背景下利差收缩导致其风险偏好上升,过度涉足房地产。但当时的另一个重要背景,是面对货币基金大量分流储蓄,以及证券公司事实上经营放贷业务的冲击,储贷机构作为受分业限制最多的银行业机构,无法对客户提供综合性服务以减缓利差收缩冲击,最终走向高风险房地产融资这一不归路。事实上,《格拉斯-斯蒂格尔法案》实施后的年代,美国金融业并不太平,几乎每隔 20 年到 30 年就有一次银行业系统性危机,1984 年银行倒闭数量达到大萧条之后的最高峰。不仅如此,分业经营也限制了美国银行业国际竞争力,使得国际大银行在 20 世纪 70—80 年代主要集中于日本、德国,这也是美国 1999 年最终废除《格拉斯-斯蒂格尔法案》,以《金融服务现代化法案》取而代之的重要背景。

(二)中央银行与金融监管不可分离

20 世纪 90 年代,中央银行与金融监管一度出现分离趋势。从学术思想史看,主要是受有效市场假说下中央银行单一目标单一工具(通胀目标制)学术思潮的影响;从制度设计原理看,主要是考虑货币政策(最后贷款人救助)与监管合一可能导致中央银行放松监管的道德风险;从政策实践看,作为实施通胀目标制的经济体,央行在制度上仅承担货币政策职能并锚定通胀目标。然而 2008 年国际金融危机重创了有效市场假说和央行单一目标制的理论基础。央行只管通胀是不够的,不管金融稳定是不行的。**随着金融监管引入宏观审慎管理理念,金融稳定也重回中央银行核**

心目标,中央银行在宏观审慎管理和系统性风险防范中的核心作用逐步确立。

一是中央银行货币调控离不开金融监管政策的协调配合。从现代货币创造理论看,中央银行的货币供给是外在货币(outside money),金融体系内部创造的货币是内在货币(inside money),货币调控是通过外在货币影响内在货币从而实现货币调控的目标。而监管政策直接作用于金融机构,权威性强、传导快,具有引发内在货币剧烈调整的威力,相当程度上决定了货币政策传导的有效性。即使中央银行可以调控外在货币,但如果没有有效的监管作保证,外在货币该投向何处、效率如何? 这是中央银行无法控制的,也无法保证金融支持实体经济。

二是中央银行履行金融稳定职能需要获得相关金融监管信息。美国经济学家海曼·明斯基(Hyman Minsky)将融资分为三类:套期保值型融资(hedge finance)、投机型融资(speculative finance)和庞氏骗局(Ponzi Scheme)。其中,套期保值型融资指依靠融资主体的预期现金收入偿还利息和本金;投机型融资指融资主体预期的现金收入只能覆盖利息,尚不足以覆盖本金,必须依靠借新还旧;庞氏骗局即融资主体的现金流什么也覆盖不了,必须出售资产或不断增加负债。一个稳定的金融系统必然以套期保值型融资为主,在套期保值型融资为主的金融体系中引入部分投机型融资,提高金融体系的效率。为了维护金融稳定,中央银行天然承担最后贷款人救助职能,必然要求中央银行在法律上、管理上具备引导社会融资形成以套期保值融资为主的结构的能力,而这种能力必然建立在中央银行了解金融体系中各类型的融资及其相关风险的监管信息的基础上。

三是中央银行行使最后贷款人职能开展危机救助需要金融监管政策的协调配合。最后贷款人流动性救助职能赋予了中央银行作为危机救助最后防线的重要地位。作为最后贷款人的行动指南,巴杰特(Bagehot)法则从 19 世纪以来就一直是中央银行提供流动性救助的重要遵循。因为问题金融机构是"微弱少数",金融体系中的绝大多数银行还是健全的,中央银行既无责任也无必要为这小部分银行提供无偿救助,因此该法则要求中央银行在流动性危机时采取迅速果断的行动,防止系统性风险的蔓延,同时遵守向流动性困难而非财务困难的银行提供流动性支持的原则,防范道德风险。流动性困难的机构要提供高质量的抵押品,并收取惩罚性高利率。如果不参与事前、事中监管,且监管信息无法有效共享,中央银行很难清楚掌握银行的资产状况,因而难以做出准确的救助决定,降低救助的效率。在这种情况下实施的救助,一部分事实上是在向已经资不抵债的问题金融机构输血,中央银行的最后贷款人职能被简化为"付款箱",存在严重的道德风险。

(三)监管体系必须激励相容

一是监管目标应清晰明确,处理好发展与监管的矛盾。诺贝尔经济学奖得主霍姆斯特姆(Holmstrom)及其合作者米格罗姆(Milgrom)在对多任务委托代理的分析中指出,面临多个任务目标时,代理人有动力将所有的努力都投入业绩容易被观察的任务上,而减少或放弃在其他任务上的努力。在金融监管领域,我国的金融监管者往往也直接承担发展职能,在监管与发展的二元目标的激励下,监管者会自然地倾向于成绩更容易观测的发展目标,而相对忽视质量不易观测的监管目标。

二是监管权责应对等。经济学研究很早就意识到,监管不是抽象的概念,是人的行为的加总,监管者可能出于个人利益的考量而偏离公共利益目标,导致监管失灵。出现这种情况的原因有三。一是金融监管供求失衡。金融监管是公共物品,但监管者并不会毫无成本、毫不犹豫地按照公共利益提供。二是金融监管存在寻租现象。只要政府通过监管干预资源配置,私人部门就有租可寻,设租寻租降低了资源配置效率。三是存在监管俘获现象,导致监管行动偏离公共利益,成为利益集团影响的结果。激励相容的监管体制就是要通过合理的监管分工、严格的问责惩戒、薪酬等正面激励抑制监管者偏离公共利益的冲动,将监管者的行为统一到金融监管的整体目标上来。

从监管分工看,金融监管的激励理论指出,金融监管的总体目标以某种方式分解后交由若干监管者承担,这是监管专业化和监管范围经济之间平衡的结果。如果分工出现权力和责任不匹配,就会导致监管机构严重的激励扭曲,有权无责往往导致权力滥用,有责无权则致使监管目标无法实现。从金融风险的事前、事中、事后管理看,承担最后贷款人危机救助的中央银行以及作为风险处置平台的存款保险,一旦与事前、事中日常监管分离,不仅危机救助和风险处置会因为信息不对称而缺乏效率,还会因日常监管者不必完全承担救助成本逆向激励其道德风险。因此,在激励相容的监管分工下,危机救助者和风险处置者往往也承担日常监管职能。

以存款保险为例,建立之初存款保险主要是作为仅负责事后偿付存款人的"付款箱",但经过金融风险的检验,纯粹的"付款箱"模式被证明是不成功的,其局限性在于仅承担事后买单的责任,而不具备事前监督的权力,权责明显不匹配,难以防范监管宽容和道德风险,导致处置成本高昂,无法有效地防范和化解金融风险。从国际发展趋势看,存款保险制度模式逐渐向权责对称的"风险最小化"模式收敛。一是存款保险可实施基于风险的差别费率,对风险较低的投保机构实施较低的费率,反之实施较高的费率,促进公平竞争,构建正向激励。二是赋予存款保险早期纠正职能,存款保险有权力检查、干预问题银行,在银行资不抵债之前,尽早发现并采取措施,实现金融风险"早发现、早处置"。

从问责机制看,金融监管者由于并不完全承担监管失误导致危机和风险暴露的成本,导致监管激励不足,监管成效低于最优水平。同时,即使有明确的法律法规,监管者也可能有法不依。问责机制就是要基于监管失误对监管者施加惩戒,强化其监管激励。比如,2001 年澳大利亚 HIH 保险集团倒闭,澳大利亚金融监管局(APRA)被认为存在严重的监管失误,并可能存在政治献金的利益输送,澳大利亚政府专门成立皇家调查委员会进行调查,多名监管人员受到问责并免职。

三是监管政策应公开透明。迪瓦特旁(Dewatripont)和梯若尔(Tirole)等人的研究,将不完全契约理论引入金融监管,指出由于监管者容易受政治力量的影响,或被监管俘获而偏离公共利益的目标,因此监管的自由裁量权应与监管机构的独立性相匹配:对独立性较强、能将公共利益内化为自身目标的监管者,可以被赋予更多的相机监管的权力;而对于独立性较弱、受政治压力及利益集团影响较大的监管者,则应当采取基于规则的监管制度,减少相机决策,增加政策透明度,这也是《巴塞尔协议》等国际监管规则的理论基础。通过透明的监管规则实现激励相容,在金融监管发展的各个阶段都有具体体现。比如:巴杰特法则明确要求最后贷款人的流动性支持必须以合格的抵押品和惩罚性利率为前提;微观审慎监管通过明确的资本充足率要求金融机构风险总量(总资产)与自身风险承受能力(自有资本)相匹配;宏观审慎监管对系统重要性金融机构施加更高的监管要求,要求订立"生前遗嘱",基于"大而不能倒"的隐性保护而提高监管约束能力。

建设现代金融体系的关键在于建设现代金融市场体系

建设现代金融体系应以建设现代金融市场体系为纲,提纲挈领,纲举目张,带动金融改革全面深化。

发达的金融市场是现代金融体系的鲜明特征。随着居民收入水平的提升,财富的积累,金融市场快速发展,地位不断提升。作为全球第二大经济体,一个日益接近世界舞台中央的发展中大国,基于我国新的发展阶段、发展趋势和国际地位,要充分认识金融市场的重要性。

一是建设现代金融市场体系是实现金融体系对标高质量发展的必然要求。与银行间接融资相比,金融市场在完善公司治理、增强信息揭示和加强风险管理等方面具有比较优势:金融市场通过较高的信息披露要求和透明度建立有力的外在约束,通过明确的所有权和经营权分离构建更有效的内在激励,同时可通过资金要素的市场化配置有力促进其他要素的市场化。

二是建设现代金融市场体系是贯彻新发展理念的必然要求。"创新、协调、绿色、开放、共享"的新发展理念以创新为首,而创新发展以发达的金融市场为有力支撑。只有金融市场形成比较完备的资本投资机制以及相配套的中介服务体系,才有可能加速科技创新成果向现实生产力的转化,推动科技创新创业企业从无到有、从小到大,形成新的经济增长点。

三是建设现代金融市场体系是"去杠杆"的必然要求。要从源头上降低债务率,必须完善储蓄转化为股权投资的长效机制。关键是发展金融市场,通过大力发展股权融资补充实体经济资本金。

四是建设现代金融市场体系是货币政策由数量型调控为主向价格型调控为主转变的必然要求。价格型调控为主的货币政策传导以金融市场为基础。金融市场合理定价、市场之间紧密关联,能够实现资金价格的联动和传导,是货币政策转向价格型调控为主的重要前提。

五是建设现代金融市场体系是金融业对外开放的必然要求。历史经验表明,扩大对外开放会加快金融市场既有缺陷的暴露进程,只有金融市场自身过硬,才能充分实现扩大开放所带来的福利改善、效率改进、竞争力提升等积极影响。

六是有弹性的人民币汇率需要具有广度和深度的外汇市场。有弹性的汇率是有效抵御外部冲击、保持本国货币政策自主性的重要保障,关键在于市场的深度和广度。

七是人民币国际地位的提升也亟须金融市场的快速发展。发达的金融市场能有效满足境外居民持有人民币资产的多元化需求,会极大地提升人民币的吸引力,促进人民币在贸易投资中的计价结算功能的发展。

但从目前现状来看,我国金融市场发展仍存在明显的缺陷,主要体现在以下方面。

第一,市场分割。我国金融市场仍处于分割分裂状态。货币市场不仅存在于银行间市场,也存在于交易所市场。公司信用类债券多头管理,短期融资券和中期票据、公司债、企业债功能属性相同,由于管理主体不同而适用于不同的管理制度。一些监管部门开展了类似公司信用类债券的所谓"融资工具"试点,建设自己管辖的场外债券(类债券)市场。应当认识到,现代金融市场是相互密切关联的整体,如果缺乏整体统筹,不仅会影响市场效率,还会滋生监管空白和监管套利,造成金融风险隐患。而单个市场的扭曲,往往可能反映为其他市场出现问题。

第二,定价扭曲。近年来,随着相关改革取得重要进展,利率、汇率等资金价格在金融市场中发挥越来越重要的作用。但金融市场定价机制仍存在扭曲:地方政府行政干预使地方债发行价格不能真实地反映风险和流动性;税收优惠导致政府债券对其他债券形成挤出,推高了信用债定价;相关税收政策限制了国债交易和流动性,使国债收益率难以成为市场定价的基准;市场主体偏离市场化经营原则,行为扭曲导致资金价格背离市场供求;刚性兑付导致市场存在多个事实上的无风险利率,推高了风险资产的预期收益率水平。

随着金融监管体制改革的推进、金融业进一步对外开放、资管新规等监管政策出台,我国金融市场的市场分割和定价扭曲现象正在逐步消除。我国金融市场的结构将发生重大变化,中国特色的"影子银行"将逐步消失,资产证券化、货币市场基金等新脱媒方式将会涌现,金融监管和货币政策要未雨绸缪、早做准备。

建设现代金融体系以建立规则统一、信息透明、具有深度和广度的多层次现代金融市场体系作为突破口,有利于妥善处理政府与市场的关系,财政与金融的关系,去杠杆与完善公司治理的关系,金融风险防范与治理机制完善的关系,人口老龄化、养老金可持续与资本市场的关系,以此为纲,可提纲挈领,带动金融改革全面深化。

当前中国经济金融运行逻辑

任泽平

恒大集团首席经济学家兼恒大研究院院长

中国经济正处在六大周期叠加期

当前中国经济正处在六大周期(世界经济周期、金融周期、产能周期、房地产周期、库存周期和政治周期)叠加期。

世界经济正处于新一轮增长周期,美国、欧洲、日本等经济体先后复苏。但具有领先性的美国经济正在筑顶,截至 2018 年 10 月,美国失业率降至 18 年以来最低水平,通胀持续回升,加息加快,股市高位横盘,均是美国经济周期高位筑顶的典型信号。中美贸易战具有长期性和日益严峻性的特点,这也导致了外部环境不确定性的增加。

当前中国经济的发展处于金融周期的顶部,金融去杠杆、监管力度加强,社会融资收紧,广义货币供应量增速下降,货币政策从实际收紧转向中性但并未全面放松。在去杠杆、去通道、去链条取得积极成效的同时,企业信用风险开始暴露,金融周期最困难的时期或许还未到来。货币政策与宏观审慎双支柱分别盯通货膨胀和金融稳定。

房地产周期处于调控中期,房地产销售、到位资金增速等先行指标趋于回落,房地产补库存、土地购置、租赁房建设、行业并购、地产企业高周转等将支撑房地产投资,但趋紧的融资环境将增加未来房地产投资下行压力。

产能周期已经触底。经过2010—2015年的市场自发去产能,叠加2016年以来供给侧改革和环保督查,中国产能周期触底,产能出清充分,传统行业产能投资持续低增长,规模以上工业企业产能利用率回升至76.5%,资产负债率从58%降至56%,制造业投资增长4%～5%持续筑底,企业盈利和资产负债表持续改善。新周期的核心是:产能周期的第三个阶段,产能出清、行业集中度提升、剩者为王、企业盈利改善、银行不良率下降、资产负债表修复,为新一轮产能扩张蓄积能量。

短期的库存周期仍处于2017年三季度至2018年的小型去库存周期,由于合意库存水平低,2016年至2017年二季度的此轮补库周期力度浅、时间短,未来去库周期对经济的拖累较弱。

新的政治周期开启后,政策的执行力更强。党的十九大以后,各部门及地方政府的积极性提高,政策重心有望从"三去"到"一降一补",从做减法到做加法。

具体到当前经济形势,2018年1—5月份生产侧表现平稳,但需求侧投资消费放缓、出口平稳、进口上升顺差收窄;其中,制造业投资筑底缓慢回升、地产投资高位略降、基建投资大幅下滑,消费同比增速降至 2003 年以来新低。具有领先性的社会融资规模回落、实际利率偏高、房地产销售下滑、商品去库存明显,预示经济处在回调的通道。

2018 年的风险主要来自金融去杠杆政策收紧的风险暴露、中美贸易争端,中东地缘政治、油价上行可能引发的"滞胀"风险以及欧洲部分国家可能引发的债务危机。机遇主要来自供给侧改革推进、消费升级和产业升级,包括健康产业、娱乐产业、互联网消费、中小城市消费升级、二胎政策、"新时代四大发明"(高铁、支付宝、共享单车和网购)以及科技创新。

站在金融周期的顶部

2017 年 11 月,中国人民银行第三季度货币政策执行报告中首次提到"金融周期"。金融周期是金融变量扩张与收缩导致的周期性波动,振幅和长度高于经济周期,且波峰之后往往伴随着金融危机。美国在过去 40 年经历了两轮金融周期,波峰分别为 1989 年第一季度和 2006 年第四季度,分别对应美国 20 世纪 80 年代的储贷危机和 2007 年的次贷危机。欧洲金融周期达到顶峰的时间为 2008 年第四季度,略晚于 2007 年欧洲银行业危机,但早于 2010 年主权债务危机。日本在 1990 年第一季度、1999 年第二季度、2008 年第一季度达到金融周期顶峰,分别对应着 1991 年日本经济泡沫破裂、1997 年亚洲金融危机、2008 年国际金融危机。回顾美国、欧洲和日本的金融周期,可以总结出以下特点:信贷扩张开启金融周期上半场;利率上升或监管趋严容易引发金融风险甚至危机;房价回调和滞涨预示着周期下行。

中国正站在 2009 年以来第一个金融周期的顶部,应高度重视防范化解风险和稳杠杆。金融周期指数显示,2017 年一季度中国达到金融周期顶峰,信贷 / GDP 缺口和实际房价缺口两指标在 2016 年为"双正"也预示着 2017 年金融风险的迅速加剧。根据发达国家和地区的经验,在金融周期顶部阶段,防范化解重大风险、去杠杆和供给侧结构性改革具有特别重要的意义。与欧洲和美国金融周期顶部被动爆发危机不同,2016 年以来中国政府主动加强监管、去杠杆和防化风险,信贷 / GDP 缺口已于 2017 年转负,表明金融风险在主动调控之下正在积极主动化解,宏观杠杆率达到周期顶部后趋稳。

金融周期与产能周期的方向可划分为四个组合:"产能周期向上＋金融周期向上",表现为经济复苏、资产价格上涨,即 2001—2007 年的中国和 2012 年以来美国的经济复苏阶段;"产能周期向下＋金融周期向下",表现为经济危机、资产价格下行,即 2008 年的国际金融危机;"产能周期向下＋金融周期向上",结果是金融加杠杆,表现为经济下行、资产价格泡沫,即 2014—2015 年的中国经济;"产能周期向上＋金融周期向下",即中国经济金融形势运行的主要逻辑,前者决定了经济 L 型的韧性,后者决定了去杠杆的融资收缩。

当前政策的核心是健全货币政策和宏观审慎政策双支柱调控框架,货币政策主要调控经济周期,宏观审慎政策主要调控金融周期。当前监管的重点是去杠杆、去通道、去链条、规范"影子银行"和银行表外业务。未来政策有望演化为"宽货币＋紧信用＋严监管＋强改革"组合,通过降准和鼓励资产证券化来实现表外回表、非标转标,通过资管新规、财政整顿、控制国企负债率、传统产能过剩行业限贷、房地产调控和建立长效机制等化解结构性债务风险和去杠杆,通过对外开放、放开行业管制、降低税负、国企改革、鼓励创新等推动政令畅通的新一轮改革。

由于表外收缩和"影子银行"业务收缩,社会融资规模大幅下滑,广义货币供应量增速处于历史低位,应高度重视企业信用风险、地方融资平台风险、中小房企资金链风险等风险暴露,防止财政、货币、监管、房地产调控等紧缩政策叠加带来的系统性风险。风险的演化往往是非线性的而不是线性的。中国处于从高速增长阶段转向高质量发展阶段的关键期,应处理好经济平稳增长、结构转型升级、防范化解重大风险之间的平衡,在增加内部转型紧迫感的同时,积极营造良好的外部环境和争取时间窗口。

精准推进结构性去杠杆

研究中国杠杆问题,必须用结构性和体制性视角,最重要的不是债务规模,而是深层次的体制机制。2009年以来,中国宏观杠杆率大幅上升,主要受非金融企业部门负债驱动,其中地方政府、产能过剩国企和房地产是三大最主要的加杠杆主体。

地方政府大幅加杠杆主要是因为有激励无约束或激励约束不对称,未来关键要建立地方政府资产负债表、离任审计、债务终身制、加强地方人大监督作用、财政整顿、打破刚兑等硬化约束机制。产能过剩国企大幅加杠杆主要是因为地方政府和地方银行过分强调社会稳定、担心不良暴露从而提供信用背书,未来关键要打破刚兑,营造公平的市场融资环境,在去产能方面一视同仁,防止在紧信用环境下国企凭借融资优势淘汰民企,而应该促进企业公平竞争、优胜劣汰和结构优化。房地产部门大幅加杠杆主要是因为不合理的预期收益率以及过去20年重抑制需求轻增加供给、重行政手段轻经济手段、重短期调控轻长效机制,未来关键是推动以住房制度改革和长效机制为主的房地产供给侧改革。

中国宏观杠杆率的快速上升积累了大量风险,并在局部领域爆发,部分企业债和城投债发生违约现象,给市场信心造成了巨大冲击。值得庆幸的是,中央及时认识到问题的严重性并出台政策进行化解,使得中国经济没有重蹈其他国家由坏的加杠杆引发系统性危机的覆辙,而是在风险可控的状况下主动进行结构性去杠杆。得益于供给侧结构性改革的实施和推进,以及名义GDP增速的筑底回升,中国经济自2016年中开始进入"好"的去杠杆周期。根据国际清算银行统计,非金融企业部门杠杆率自2016年二季度最高的166.9%稳步回落至2017年四季度的160.3%。政府部门和居民部门杠杆率的过快上升势头也得以遏制。

随着去杠杆工作进入深水区,未来政策要把握"好"的去杠杆的两大原则。在分析主要经济体的去杠杆历程后发现,一方面需要阻止通货紧缩阶段的信用市场崩溃,另一方面要把名义增长率提高到略高于名义利率的水平,即首先要避免经济陷入"债务—通缩"的恶性循环,其次是使经济维持适度通胀,收入上升速度大于债务增长速度,有效增强偿债能力。

具体来看,中国需要采取"宽货币＋紧信用＋严监管＋强改革"政策组合。通过"紧信用",以结构性去杠杆为基本思路,针对不同部门不同债务类型采取不同的政策措施,优化杠杆结构,逐步化解国企及过剩产能行业高杠杆问题,以及高风险的庞氏融资行为。配合"宽货币",通过降准、MLF 等操作向市场释放流动性,解决金融收缩带来的企业融资成本上升、企业信用风险集中爆发等问题,防止财政、货币、监管、房地产调控等紧缩政策叠加带来的系统性风险。"紧信用"和"宽货币"要加强配合,缺少"紧信用"的"宽货币"必然导致加杠杆死灰复燃,而缺少"宽货币"的"紧信用"容易引发系统性金融风险。同时,为促进形成"收入上升速度大于债务增长速度"的积极去杠杆环境,在"宽货币"政策中需严格把控资金再次流向高杠杆领域,积极引导增量资金投入实体经济,促进全要素生产率提升,因此还需"严监管"和"强改革"。

五大改革亟待突破

2018 年一季度国内生产总值同比增长 6.8%,增速与 2017 年四季度持平。经济增长韧性增强,主要得益于三方面因素:找到了问题的症结、找到了正确的解决方案、具备了坚决的执行力。

2015 年年底的中央经济工作会议提出以供给侧结构性改革为主线,推进"去产能、去库存、去杠杆、降成本、补短板"五大任务,这对中国经济问题的解决可谓切中时弊。2017 年年底召开的中央经济工作会议强调,推动高质量发展是当前和今后一个时期确定发展思路、制定经济政策、实施宏观调控的根本要求。要实现中国经济高质量发展,未来一段时间内五个方面的改革亟待突破。

第一,通过地方试点方式,调动地方在新一轮改革开放中的积

极性。过去 40 年来，我国改革开放取得一项重要经验就是地方试点、试验，因为中国幅员辽阔，一些问题到了不同的地方就变得错综复杂，需要鼓励各地结合自身实际开展相关试验。过去，家庭联产承包责任制、国企改革"抓大放小"等政策，无一不最早来自于基层的实践和智慧。

第二，国企改革。改革开放 40 年的经验，已经证明什么样的产权更有效率、什么样的产权是无效的。改革的目的是用有效率的产权替代无效率的产权，市场经济的本质是资源有效配置。因此，国企改革要完善各类国有资产管理体制，改革国有资本授权经营体制，加快国有经济布局优化、结构调整、战略性重组步伐，促进国有资产保值增值。

第三，大力度、大规模地放活服务业。截至目前，我国已经进入服务业主导产业的时代。党的十九大报告提出，我国社会主要矛盾已经转化为人民日益增长的美好生活需要和不平衡不充分的发展之间的矛盾。满足美好生活需要，服务业的发展至关重要。因此，应通过体制机制的完善，更大程度地放活服务业。

第四，大规模地降低微观主体的成本。降低成本，释放企业家的创造创新活力，能够给微观主体尤其是企业家带来发展信心。其中，包括减税、降低制度成本，还包括降低各种办事、费用成本。

第五，防范化解重大风险，促进金融回归本源，更好地服务实体经济。对此，一定要排除万难，坚决抓下去，促进金融和实体部门的良性互动。同时，防止监管竞赛和监管叠加引发新的风险，把握好节奏和力度。

尊重金融规律，终结"双轨制"

黄益平

北京大学国家发展研究院副院长、教授、

北京大学数字金融研究中心主任

金融体系现状的产生原因

中国金融体系的显著特点是"重规模、轻机制"，金融体系规模很大，但是市场机制发挥作用的空间不大。如果将中国金融体系做一横向国际比较，可以发现两个突出的特点：一是在整个金融体系中，银行占比非常高；二是中国的金融抑制水平，即政府对金融体系的干预程度，位居全球前列。历经 40 年的金融改革，我国的金融抑制现象依然非常严重。

我国的金融抑制这么严重，有其独特的政策历史原因。改革开放初期阶段，我国采用了"双轨制"改革策略，国企和民企之间、计划和市场之间，都是实行的"双轨制"政策。"双轨制"改革的一个目的是保护国有企业，同时支持非国有企业成长，维持转型期经济与政治的稳定。

但是,相比较而言,国企的效率不如民企。为了保证国企持续生存、发展,就需要获得一定的外部支持。再直截了当地说,外部支持就是政府补贴,但在改革开始以后,财政收入占 GDP 的比例连年下降,从 1978 年的 36％跌到 1996 年的 11％。没有办法,政府只能通过扭曲要素市场的方式变相补贴国企。这就形成了改革期间不对称市场化改革的现象,即产品市场全部放开,但要素市场普遍扭曲。要素市场扭曲在金融部门的具体体现,就是压低正规部门的利率,同时在资金配置上偏好国企。这实际是变相补贴。

这解释了金融改革与发展 40 年,为何呈现"重规模、轻机制"的特点。虽然金融部门规模庞大,但是市场化机制发挥作用的空间不大,政府持续广泛地干预市场。

这也解释了为什么金融(特别是利率)存在"双轨制"。正规金融部门将利率压得很低,又偏好国有企业,导致高速发展的非国有企业的金融需求得不到满足,就必然派生出体制外非正规金融体系,如民间借贷、"影子银行"、互联网金融等部门。也因此有了正规市场利率和非正规市场利率这两套利率,利率水平呈现巨大差异。

在今天的中国经济体系中,抑制性金融政策明显地歧视民企,从而形成了两个方面的后果,一是民企确实面临融资难、融资贵的问题,但这两个问题要分开来说。对大部分企业而言,如果能从正规金融部门融到资,其实并不贵,但确实很难,所以大部分民企只好到非正规市场去融资,那就很贵。正规部门的利率压得越低,民企融资就越难,非正规部门的利率也就越高。二是非正规金融其实就是抑制性金融政策的产物。很多企业和家庭无法从正规金融部门获得合适的金融服务,催生了诸如民间借贷、"影子银行"甚至金融科技那样的"非正规金融部门"。这些金融交易因为没有得到很好的监管,所以有风险,这是事实。但它们的形成与发展是政策扭曲导致的,也是实体经济发展的需要。

抑制性金融政策已不能适应今天经济发展的需要

总的来看,过去 40 年间,适度的金融抑制政策并没有妨碍我国经济持续多年的高增长和金融稳定。我国 GDP 年均增速达到9%,并且金融体系比较稳定,没有发生过重大金融危机。实证研究发现,一个国家在改革前期,金融抑制政策对经济增长有正面作用,因为此时的市场机制和监管机制还不够健全,如果短时间将政府管制全部放开,会容易出现风险,金融不确定性增加。而且在这一发展阶段,政府控制的银行主导的金融体系适应了实体经济发展需求,可以迅速将存款转换为投资,变成支持经济增长的力量。

但研究也表明,在改革后期,抑制性金融政策对经济增长的负面影响更多显现。中国今天正面临这一问题,现有金融体系难以满足家庭、企业、政府三个部门的新需求。第一,对于家庭部门,老百姓对资产性收入的需求增长却没有得到正规市场的满足。由于银行存款收益率太低,很多老百姓选择取出贷款做投资,然而,大量资金没有投向资本市场正规部门,而是去了"影子银行"。资本市场应反思为什么无法吸引居民资金做大正规市场。第二,对于企业部门,随着中国经济的转型,未来的经济增长点来自于高成本、高附加值、高技术的服务业,这类产业由创新驱动,对资本市场提出了更高要求。过去的粗放式增长依靠银行就能满足融资需求。但大量创新型民企、中小微企业的融资需求是无法通过银行解决的。第三,对于政府,很多地方政府融资现在面临"后门堵上、前门没开"的困难,无法从正规资本市场融资,而导致财政紧张,不得不增强征税力度。要解决这一问题,还是要给地方政府打开正规融资渠道的门。

民营企业融资难、融资贵,是因为正规体系将利率压低,真正能满足的融资需求反而减少,贷不到款的民营企业只能去非正规市场,助推非正规金融市场利率提高。正规市场利率压得越低,非正规市场的利率就会越高。民间借贷机构、"影子银行"和互联网金融都是变相的利率市场。

政策建议

第一,终结"双轨制"改革策略。"双轨制"特别是国企、民企双轨制最初是为了保证经济转型平稳过渡而采取的改革策略,避免休克疗法可能造成的严重经济社会问题。虽然在改革早期阶段有正面效果,但已对现阶段经济发展造成阻碍。"双轨制"绝不应成为长期体制,而只是过渡性策略。现在应考虑终结"双轨制"。

第二,金融政策应尊重金融规律,减少行政性思路,推进市场化定价与配置。好的金融政策能让金融机构商业可持续发展。如果一项政策妨碍金融机构进行市场化的资金定价与配置,强制性地推行行政命令,将最终无法逃脱金融规律的惩罚。政策性金融与商业性金融要分开来,政策性金融应该由财政埋单。

第三,在风险可控的前提下鼓励各种金融模式的创新,支持实体经济发展。"影子银行"、金融科技等非正规金融部门的出现满足了实体经济供求两方需求,实际支持了小微企业和民营企业。监管全覆盖非常必要,但也需考虑监管政策对实体经济的后果,不可为了控制金融风险而造成更大的金融风险。

第四,拥抱新技术,利用线下软信息、线上大数据改善对民营企业的融资服务。小微企业天然风控难,因此传统银行不愿做其业务。但是南方很多中小银行正在做出新的尝试,给小微企业放贷时更多关注的不是财务信息、抵押资产等,而是借款人人品等线下软信息,该业务做得很成功。线上大数据则可以借用互联网平台,突破"获客难"和"风控难"的障碍,服务大量的小微企业与低收入人群。中国的机构在这两面都已经取得了很好的成功经验,值得普遍推广。

第五,改革金融监管体系,加强政策协调,守住不发生系统性金融危机的底线。已经成立的国务院金融稳定发展委员会,应更积极地在各部门间协调监管政策与监管力度,有效控制风险,同时防范风险共振。

第二辑

缓解民企融资困境

政策问题加剧民企融资难

黄益平

北京大学国家发展研究院副院长、教授，

北京大学数字金融研究中心主任

怎么解决民营企业融资难？这个问题似乎是老生常谈，但永远不会过时。

政策问题加剧了民营企业融资难、融资贵

第一，民营企业或者小微企业融资难是一个世界性的难题。因为一般企业到银行借钱，银行首先给企业做信用评估，无非就是看企业的历史数据、财务报表，实在不行看企业有没有抵押资产。如果企业到资本市场上融资，门槛可能更高，因为对企业的资质要求、信息披露的要求更高。通常民营企业的特征基本上就是规模小、历史短、不稳定，再加上缺乏数据和抵押资产，所以民营企业融资最大的困难就是获客难、风控难。在金融领域，经常有一个"二八法则"，就是金融机构把最上面的 20％ 客户抓住就有 80％ 的市

场份额,而剩下 80％的客户是很难处理、很难服务的。所以,民营企业或者小微企业融资难的问题是一个世界性的问题,这也是为什么 2005 年联合国提出要发展普惠金融,号召各国政府想办法来提高或者改善对小微企业和低收入人群的服务。所以,中国同样存在民营企业融资难的问题不奇怪。

第二,民营企业融资难在中国更加严重。为什么会更加严重?举一个简单的例子,中国金融扭曲的表现形式可以看成"双轨制"。提供金融服务的一个是正规的部门,比如商业银行,一个是非正规的部门,比如民间借贷、"影子银行"和数字金融、金融科技。现在假定这两个市场的参与者之间没有本质性的质量差异,如果这两个部门之间没有扭曲,利润水平都是由供求关系决定,这两个市场的利率最后应该是均衡的,也就是说是统一的。如果不是统一的,会导致套利,最后推动两个市场的利率走向统一。但是这个假设在中国显然是不成立的,因为抑制性的金融政策把正规市场的贷款利率直接人为地压低了,导致了两个结果:需求增长和供给减少。

这就导致在市场上忽然出现了一个缺口,有相当一部分的市场需求没有得到满足,就是一部分人能够借到钱,另外一部分人借不到钱,这就要求监管部门、银行搞齐配额。一般而言,我们比较容易想到的是到正规部门融资,如果只有一部分人能融到资,肯定存在另外一部分人融不到资的情况。通常情况下,银行会偏好大企业和国有企业,所以把民营企业挤出去了。所以,中国民营企业融资难,在相当程度上是正规部门的政策抑制加剧了这个问题。被挤出去的企业还是需要融资、发展,怎么办?

它们就被挤到了非正规部门。直接的结果就是非正规市场的利率进一步提高。所以,中国融资难的问题之所以会变得这么严重,除了一般普遍性的小微企业获客难、风控难的困难以外,还有一个很重要的原因是正规部门利率的抑制导致更多的民营企业不能从正规部门获得融资,而且到非正规部门融资,成本会变得非常高。

所以说,融资难和融资贵是两个问题,我们经常听到说要解决融资难、融资贵的问题,对于大部分民营企业来说,首先是融资难的问题。如果能从正规市场融到资,即使是利率上浮其实也不是那么贵。但是从正规市场融不到资,只好到非正规市场,这个时候的融资成本就很高。正规部门的融资难和非正规部门的融资贵两个问题交织,在相当程度上是政策抑制加剧了这个问题。

第三,为什么2018年民营企业融资难的问题突然进一步恶化了?部分原因可能是国内防范系统性金融风险所采取的一些措施。但客观地说,这些措施确实都是必要的。什么样的措施?无非是金融交易要监管全覆盖,要去杠杆。监管全覆盖和去杠杆最后导致的直接结果就是在非正规部门的金融交易萎缩。2018年上半年,"影子银行"的交易减少了2万亿元。很容易想象,假如银行要收紧信贷、降低杠杆,首先会收紧风险比较高、不稳定性比较大、缺乏抵押资产的客户。所以,监管全覆盖和去杠杆政策最后可能确实对民营企业造成了非常大的打击。但这些措施对于防范系统性金融风险,确实是十分必要的。很可惜的是它们在实施的过程当中,最后对民营企业融资造成了很大的伤害。

以上三点概括起来就是:第一,民营企业融资难是一个世界性的难题;第二,中国的民营企业融资尤其难,相当大一部分问题是政策扭曲导致的;第三,当前为防风险出台的一些很好的短期政策,在实施过程中,确实对民营企业造成了很多的伤害。

所以大家可以看到,现在民营企业确实很焦虑,日子非常难过。一个民营企业家在央行行长座谈会上发言,大概的意思是:如果他有一个银行的牌照,会一家一家地去救这些民营企业。但客观来说,如果央行给其一个银行牌照,他拿着牌照一家一家企业去救,下一步发生金融风险的可能性是非常大的。救民营企业要按照市场规律救,如果违背市场规律,仅从道义上去救,可能会有很多的后遗症。但对于他的焦虑、抱怨,我们应该充分理解。

政府支持民营企业发展出台的一些举措

相信政府也充分理解这个问题,从中央到地方都采取了很多的政策,2018 年,国务院已经开了 4 次常务会议,要解决民营企业、中小企业融资难、融资贵的问题,具体而言我们也看到了一些举措(见表 2-1)。

表 2-1 近年国务院常务会议对小微企业融资的决定

近年国务院常务会议对于小微企业融资的决定	
2018年11月9日	要求加大金融支持缓解民营企业特别是小微企业融资难、融资贵问题
2018年10月22日	决定设立民营企业债券融资支持工具，以市场化方式帮助缓解企业融资难问题
2018年6月20日	部署进一步缓解小微企业融资难融资贵，持续推动实体经济降成本
2018年3月28日	决定设立国家融资担保基金，推动缓解小微企业和"三农"等融资难题
2017年9月27日	部署强化对小微企业的政策支持和金融服务，进一步增强经济活力，巩固发展基础
2016年7月27日	确定有针对性加强小微企业金融服务的措施，缓解融资难、融资贵

第一，从银行的角度来说，可以定向降准，使更多的资金流向民营企业、小微企业。

第二，财政部和其他几家金融机构一起建立了国家融资担保基金，希望为小微企业、民营企业的融资提供一些政策性的支持。

第三，银保监会宣布新的政策，要求商业银行在新增的公司类贷款中，大型银行对民营企业的贷款不低于1/3，中小型银行不低于2/3。三年以后，对民营企业的融资比例要占总的新增融资一半以上；力争主要商业银行2018年四季度新发放小微企业贷款平均利率比一季度下降1个百分点。从这些政策可以看出，政府确实很重视这个事情。民营企业的发展关系到中国经济的发展，因为民营企业对于中国的就业、增长、利润、生产率和创新都有举足轻重的地位。所以,支持民营企业发展的方向,从政策和决策者意愿的角度来说,是非常清晰的。

解决民企融资难、融资贵的四个政策思路

但这些政策是不是可以从根本上解决现在民营企业融资难的问题?这些政策都很重要,在短期内会缓解民营企业融资难的问题。但要从根本上解决这个问题,可能还需要更系统地思考这个问题。

第一,真正要解决民营企业融资难的问题,首先要靠市场化的手段,而不是单纯的行政手段,让市场配置金融资源。在现在的体制下,行政性地要求银行贷多少(给民营企业),是能执行的,但所有银行做的都是最好的商业决策吗?不同的银行擅长做的业务也不同,关键看其自身的能力。

更重要的是,现在利率不能市场化,在一定意义上加剧了民营企业融资难的问题。如果我们要求所有的贷款利率都在基准贷款利率附近,我相信金融机构给民营企业、小微企业贷款是没有收益的,因为金融里有一个很重要的规则是成本要覆盖风险。民营企业本身就具有规模小、不确定性大、风险比较高等特征,银行要对它提供金融服务,成本就应该提高。这就要求"双轨制"利率要转为市场化利率,利率市场化可以增加正规部门对民营企业的服务。人为地把利率压低,反而会减少对民营企业的服务,也可能会对金融机构下一步行动造成新的风险。所以我认为,真正要解决民营企业融资难的问题,首先要从市场化的思路入手,让市场来配置金

融资源。

第二，为民企提供政策支持的责任应该交给政府，而不应该交给商业金融机构。在市场化利率无法完全实现的情况下，尤其是现在这样由各种因素造成的经济下行压力下，有很多本来经营发展就不错的企业，短期内出现了流动性等问题，可以对这样的一些企业提供或短期或长期的政策支持，因为它们对社会稳定很重要，对创新很重要，对中国经济未来发展很重要。但如果需要对民营企业提供融资支持、政策性支持，这个责任应该交给政府，至少是政策性金融机构来承担，而不能把这个责任一股脑地放到商业金融机构的身上，否则，以后这笔账算不清楚。

前面提到的一些举措都很重要，人民银行、财政部都采取了很多措施，像担保基金、融资支持工具、贴息等措施都可以进一步推广，但责任要由政府承担，而不是强加给金融机构。

第三，线下靠软信息，线上靠大数据，来解决获客难、风控难的问题。解决了上面这两个问题以后，还是没有解决前面所说的世界性难题，其原因无非就是获客难和风控难。那应该如何解决这两个问题？事实上，这个问题可能会长期存在，但客观上来说，中国的金融行业在这个领域其实也做了很多尝试。简单来说就是，线下靠软信息，线上靠大数据，有时还需要线下线上结合。比如说线下靠软信息，民营企业没有传统商业银行所需要做风控的评估资本因素，比如财务数据、历史数据、抵押资产，但其实，如果银行对于这个企业有充分的了解，软信息就可以为其提供比较好的贷款决策。在江浙一带有很多这样的中小银行，它们要求银行的职员对客户要充分了解，而且是全方位的了解，包括财务状况、知识水平、信用状况等,有了这种全方位的了解,在对企业做信用评估时,可能会比财务数据还靠谱。像尤努斯的穷人银行模式,大理有一个采用此模式的试点,13个员工在一年的时间里一家一家农户谈,一年下来总共服务了138家农户,虽然从数字上来说有一点遗憾,但是他们的努力和精神非常可嘉。在他们的试点中,农村妇女完全没有任何可以帮助银行贷款信用的基本材料,但是像穷人银行或者国内中小银行这样的机构,可以用软信息对其做一个非常好的评判,在这种情况下,这种贷款产生的不良率都很低。

其次是大数据,大数据和移动终端在我们的网络贷款当中可以发挥很大的作用。截至2018年11月,国内已经有三家国家发了牌照的网络银行,这三家银行业务开展得都很好。微众银行在很短的时间内发出去一万多亿元的贷款,不良率非常低。网商银行在杭州有377个员工,一年服务了500万家的小微企业,也积累了一些经验,从他们的实践来看,通过大数据服务中小微企业是可行的。

第四,为民企提供一个公平竞争的市场环境。如果未来把上述思路结合在一起,是有可能解决民营企业融资难问题的。当然,这中间还有一个非常难的问题,国企和民企到底能不能公平竞争?即便市场化了以后,即便采取了各种政策,民企能不能真正享受和国企一样的平等地位?虽然难度比较大,但至少我们可以向那个方向努力。

如果我们真的认为民营企业对中国经济的未来很重要,要让民营企业实现公平竞争,我们就不能简单地说,一方面要支持国有企业,一方面要支持民营企业,而应该说,政策要向民营企业倾斜。

因为它的起点就低，给其提供一些倾斜、特定的支持才能让民企与国企公平竞争。但这是一个逐步的过程，在短期内仍然会有一些不平等、一些歧视，这或许很难避免，但关键在于，这种不公平、不平等和歧视是否在减少，如果在减少，那未来的发展还是有前途的。过去十年，民营企业在中国的就业、产出、利润、创新和增长当中的比重，都有大幅提高。所以关键不是明天能不能真正实现公平竞争，关键是明天对民营企业的歧视能不能比今天稍微少一点。

而在帮助解决民营企业融资难这个问题时，数字金融可以发挥很重要的作用。

第一，要真正解决民营企业融资难的问题，首先需要放弃一些行政性思维，行政性的手段在短期是可用的，但不是解决问题的根本办法。根本性的思路应该是市场化的策略，尤其是利率市场化和市场化的风险定价。

第二，对于个别企业在特定时期出现的问题，政府可以通过财政和政策性金融手段给予扶持，这是可以理解的。如果这些企业对经济的增长、稳定都很重要，政府可以做，但是这个责任要由政府来承担，这个单要由政府来买。

第三，中国的金融机构在解决民营企业融资获客难、风控难方面已经积累了宝贵的经验，即线下靠软信息，线上靠大数据。实际上，最佳的模式可能是线上线下相结合。

第四，监管部门应该积极支持市场化的、服务民营企业的、风险可控的金融创新。具体来说，短期内我们可以在三个方面发力：发牌照、开放征信系统、解决远程开户的问题。

解决民企融资难，出路何在

深圳市原副市长

缓解融资难仍然是稳定民营经济的当务之急

2018年下半年以来，由于多方面的原因，尤其是金融去杠杆过程中出现的政策偏差，银行对相当多的民营企业实行了断贷、抽贷、压贷的做法，加上股市大幅度调整，大批民营上市公司面临着股权质押平仓的风险，民营经济的发展遇到了前所未有的困难，给国民经济发展带来严重的影响。

在民营经济发展面临"退场"还是继续发展的关键时刻，2018年11月1日，习近平总书记主持召开了民营企业座谈会，重申中央"毫不动摇鼓励支持引导非公有制经济发展的基本方针"，并提出"民营企业、民营企业家都是自己人"，"我国民营经济只能壮大不能弱化，不仅不能'离场'，而且要走向更加广阔的舞台"。习近平特别指出"要优先解决民营企业特别是中小企业融资难甚至融不到资的问题""对有股权质押平仓风险的民营企业,有关方面和地方要抓紧研究特殊措施,帮助企业渡过难关"。① 各地党委、政府随即层层召开座谈会,很快出台了有关的政策措施,国务院各部门也出台了一系列有关帮助解决民营企业融资难的意见,甚至对银行提出"一二五"的贷款比例目标等。

根据深圳的情况,民营企业融资环境和资金链的现状大体上分为以下几种情况。

(一)上市公司的股权质押平仓风险得到一定程度的控制

在 2018 年上半年股市大幅度下调过程中,深圳 300 家上市公司有一半以上存在股权质押平仓风险,个别上市公司质押的股权部分已经被平仓。根据中央的要求和深圳的实际情况,深圳主要采取两种方式纾解上市公司股权质押风险。一种是市政府通过国有资本平台,给上市公司注入资金,置换出民营上市公司质押的股权,提高了股权质押率,从而缓解股权质押平仓的风险;另一种是政府通过国有企业直接收购民营企业上市公司的部分股权,给民营企业注入资金,提高上市公司的信誉,缓解市场恐慌情绪,稳定社会预期,提振投资者信心,使上市公司股价从恐慌性抛售后的低点理性回归,也缓解了部分股权质押的风险。

在部分上市公司股权质押风险的控制过程中,民营企业"忍痛

① 习近平:在民营企业座谈会上的讲话,http://www.gov.cn/xinwen/2018-11/01/content_5336616.htm.

割爱"，国有资本平台公司"名利双收"。从"名"上看，国有资本平台公司出手相助，民营企业感恩戴德，受到社会和市场上的好评；从"利"上看，国资平台公司在置换质押股权过程中，政府将财政资金拨付给国有企业，国有企业有偿借给国有资产平台公司，使平台公司有偿质押或收购民营企业的股权，民营企业所付的资金成本仍达9％左右，并且国有平台公司还将分享未来股价上升的收益。

尤其需要指出的是，部分民营上市公司的股权质押平仓风险只是在现有股市企稳的基础上初步得到控制和缓解，很难讲从根本上得到了解决，如果股市继续较大幅度的下探，上市公司股权质押给国有平台公司后，仍然面临着被平仓风险。因此，国有平台公司已经考虑以抵押物借款的方式取代股权置换，帮助缓解上市公司的平仓风险。

（二）绝大多数非上市民营企业融资难状况并没有实质性改善

虽然中央及各部委密集发声发文支持民营企业融资，银保监会主席郭树清提出对民营企业的贷款要实现"一二五"的目标，各银行也表示要支持民营企业发展，落实相关贷款政策，但是在银行层层加强风险控制的情况下，加大对民营企业贷款的政策和要求实际上还没有落实，银行普遍存在着"雷声大雨点小"的现象。2018年上半年以来对民营企业断贷、抽贷、压贷的问题还没有妥善解决，不少银行仍在以技术和专业等为由，拖延对民营企业的贷款发放。虽然有个别大企业与银行签订了所谓贷款支持"框架协议"和授信额度，但是离落实框架协议、下拨银行贷款仍相距甚远。

（三）民间融资渠道并未恢复

长期以来，银行等金融机构在给民营企业尤其是中小企业贷款时较为谨慎，导致大量民营企业不得不通过小额贷款公司和其他民间融资渠道进行融资。应该说民间融资是中小民营企业资金来源的主要渠道，对促进经济发展、优化资金配置有积极的作用。但从2018年以来，由于经济下行，资金紧张，大量P2P公司"爆雷"，小额贷款公司风险加大，使得民间融资渠道还没有得到恢复。

2018年大批民营企业陷入资金链紧张甚至断裂的严重局面，原因是多方面的。虽然出现少数民营企业由于过分扩张或自身经营不善等造成银行断贷、抽贷、压贷，但大多数民营企业的经营还是正常的，企业还是盈利或者是微利的，这些企业的资金困难或是由于银行在去杠杆中出现的偏差，或是由于股市大幅度调整等。因此，对正常经营的民营企业，应有应急之策，给予必要的财务救助，尽快恢复正常贷款。

对解决民营企业资金短缺的问题，各地各部门切不可仅仅停留在开开座谈会、喊喊口号、发发文件上，避免随着中央和国家新的注意力和工作重点的转移，使解决民营企业融资难、融资贵的政策落不了地，最后不了了之。

深化国有企业改革是破解民营企业融资难的治本之策

解决民营企业融资难、融资贵的问题，为什么现在仍然得不到解决？为什么在去杠杆中，负债率高的国有企业，甚至"僵尸企业"

没有发生断贷、抽贷、压贷呢？本来中央专门下文，要求降低国有企业的负债率，为什么大都降到民营企业身上？原因是多方面的，比如，存在着刘鹤副总理曾经讲的"有些机构的业务人员认为，贷给民营企业有风险"，也存在着银行系统不作为的原因等。但我认为，民营企业融资难这个老问题一直没有得到很好解决，而且反复出现，越来越严重，不完全是银行本身认识问题，更不是业务和技术问题，最根本的原因，应该是国家经济发展过程中的体制、机制甚至制度的不合理。

这些年来，银行等金融机构在改革中风险意识日益增强，风险控制体系日趋完善。从银行本身的利益来看，贷给民营企业风险要大得多，贷给国有企业几乎没有风险，资金基本上是安全的。原因是什么？是民营企业活力不足、效率不高、信誉不好吗？是国有企业活力强、效率高、信誉好吗？当然不完全是。民营经济在全国GDP中占60％，而银行给民营企业的贷款只占30％，说明民营企业资金运用效率远远高于国有企业，为什么银行体系中会发生这么大规模的资金错配呢？我认为主要有体制、机制、制度这三个方面的深层次原因。

第一，国有企业与民营企业处于不平等的竞争地位。长期以来，政府对国有企业和民营企业会显性或者隐性地实行差异化政策，国有企业在获取土地、矿权等自然资源、特许经营权、政府项目、银行贷款、资本市场融资以及市场准入等方面处于优势地位。尤其这几年在做强做大国有企业的指导思想下，国有企业通过享有各级政府优惠政策和特别支持，自身实力不断增强，尤其是在土地、物业等银行贷款所需要的质押物上，具有民营企业无法比拟的优势。

第二,国有资产管理体系成为国有企业贷款风险的重要防风险屏障。当一个国有企业经营出现困难或资金发生风险的时候,从中央到地方的各级庞大国有资产管理系统,成为消化银行贷款风险的重要屏障。各级国资委对贷款风险大、资金运转困难甚至需要关闭破产的企业,或是直接出资增加资本金,或是通过内部资金调度系统予以弥补,或是通过其他优势企业进行国有资产内部系统重组,从而使难以经营的国有企业得以生存,使银行的贷款风险得以控制,形成国有企业只能进不能退、只能生不能死的僵化的机制。在各级国有资产管理体制这一重要屏障下,对银行自身利益而言,对国有企业的贷款是有保障的,在这种情况下,银行怎么会不给国有企业贷款呢? 怎么能降低国有企业的杠杆率呢?

第三,国有企业有政府的最后背书,政府实际上成为国有企业贷款的最后买单人。本来不管是什么所有制,企业的生生死死是经济结构和产业结构动态优化调整的过程。但是由于政府作为国有企业的出资人,在政企不分的体制下,政府既把国有企业作为用行政手段进行资源配置的平台和载体,又要对国有企业承担无限的责任,尤其是出于维护社会稳定等多方面的考虑,一般不会让国有企业破产,因此不断使用经济手段和行政手段进行"输血"、挽救,即使造成大批"僵尸企业"也在所不惜。有了政府这个背书人和最后的买单人,银行对国有企业贷款基本上无风险可言,自然愿意把更多的贷款资源投放给国有企业。

由于上述三个层次的制度、体制、机制方面的原因,国有企业在获得银行贷款、资源以及银行的风险评估方面,与民营企业处于严重不平等地位,国企与民企的贷款风险差别并不能反映企业自身在经营管理、内部效率、经济效益等方面的真实情况。对银行来讲,出于规避自身风险,追求自身利益的考虑,在正常的借贷业务中,尤其是在金融系统去杠杆、防范风险中,自然会对民营企业断贷、抽贷、压贷,把大量的金融资源配置给国有企业。因此2018年上半年以来银行对民营企业抽贷、断贷、压贷的做法,主要不是金融系统的业务人员怕承担政治风险造成的,而是整个国有企业和国有资产管理体制和制度造成的。因此,解决民营企业融资难、融资贵的问题,从解决当前民营企业特殊困难的角度,要银行按中央的要求,采取特别的方式,帮助民营企业渡过难关,这当然是必要的。但是从长期来看,从治本的角度来看,要真正解决民营企业融资问题,支持民营企业的发展壮大,根本上还是要靠进一步深化国有企业改革,从制度、体制、机制上,真正解决民营经济发展中的融资问题。

比如,要保证国有企业和民营企业在市场中的平等竞争地位,建立公平竞争的市场环境。改革开放以来,党和国家对发展民营企业在理论和政策上已经取得了非常大的进步,民营经济从过去社会主义经济的补充,成为社会主义市场经济的组成部分和社会主义经济发展的重要基础。近些年来中央出台了一些关于支持民营企业发展的意见、条例等,但是在实施过程当中还没有完全落实,公平竞争的市场环境还没有完全建立。为此要进一步打破"国有"与"民营"之间的所有制鸿沟,毫不动摇地发展民营经济,激发其经济活力和创造力,真正实现各种所有制经济依法平等地使用生产要素,公平参与市场竞争,同等受到法律保护，使民营经济成为国民经济健康持续发展和市场经济体制良好运行的基础。

比如，加快国有经济布局和结构调整，形成国有企业有进有退、有生有死的动态调整机制。这些年来国有企业凭借着政府的资源和特殊政策，布局太广，战线太长，尤其是在竞争性领域，这些企业虚耗资源要素，加剧资产错配，大大挤占了民营企业发展的空间。因此，要加快国有经济布局和结构调整步伐，重点对处于严重产能过剩的"僵尸企业"，对处于竞争激烈领域的商业、物流、外贸、服务业、制造业等国有企业，除极少数已经做强做优做大的企业以外，绝大多数要抓紧退出。从长远来看，在竞争领域可以生存发展但不符合国有经济长远发展方向的国有企业，以及经营风险大、对国有企业内部动力机制和风险承受机制不能适应的国有企业，都应该有计划有步骤地退出。通过竞争性领域国有企业的退出，形成有进有退的国有企业发展机制，优化国有经济布局和结构。未来国有企业应主要在关系到国家全局的重大战略性产业，保障国家经济和社会正常安全运行的重要基础设施领域，以及为人民群众提供服务的公共服务领域发挥更大的作用。通过国有经济布局的优化，为民营企业的发展提供更广阔的空间，使民营企业和国有企业各自发挥优势，相互融合，共同发展，构成我国社会主义市场经济坚实基础。

风险投资是民营企业融资的重要途径

解决民营企业，尤其是中小民营企业发展资金问题，从长期来看，主要不能靠银行贷款解决。这是因为，中小企业由于规模小、资源少、抗风险能力弱,银行贷款坏账风险大。同时,中小企业可抵押资产少,难以满足银行风险控制的要求。在市场化条件下,银行是市场竞争主体,也要追求收益、规避风险,不能长期依靠行政手段,需要规定一定的比例,要求银行对风险更大的中小民营企业大量贷款。习近平总书记在民营企业座谈会上指出"要拓宽民营企业融资途径,发挥民营银行、小额贷款公司、风险投资、股权和债券等融资渠道作用"①。

以深圳为例,从深圳的中小企业发展的情况来看,风险投资是中小民营企业尤其是中小高科技企业融资的重要途径。

2017年深圳国家级高科技企业有1.12万家,还有19万家不同类型、不同规模的中小科技企业,是全国领先的创新型城市。深圳高科技的发展和崛起,与大批的天使投资基金、风险投资基金、产业投资基金以及私募基金等,为处于不同发展阶段的中小企业提供多层次、多元化的金融服务是密不可分的,其中风险投资起了最重要的作用。为了给民营科技企业发展提供完善的金融服务体系,深圳几十年来一直鼓励和支持风险投资的发展。例如,深圳在1994年成立了全国第一家为解决中小科技企业融资难问题设立的"高新投";1999年成立最大规模的专门从事创业投资的"创新投"以及为中小科技企业提供担保的"深圳中小企业信用担保中心"。一大批成功的民营科技企业,在创立的初期都离不开风险资本的投入。马化腾在首届高交会上拿着改了66个版本、20多页

---

① 习近平:在民营企业座谈会上的讲话,http://www.gov.cn/xinwen/2018-11/01/content_5336616.htm.

的商业计划书跑遍各个展馆,募集到第一笔风险投资——IDG 和盈科数码投资的 220 万美元,为腾讯的发展奠定了重要基础。目前,深圳拥有创投机构数量占全国的五分之一,国内 20 强创投企业中,近半数为深圳企业。截至 2018 年,深圳中小创业板上市公司数量连续 11 年居全国大中城市首位。

当前,中小民营企业尤其是中小民营高科技企业的发展,遇到了特别的资金困难时期,同时这也是风险投资开展业务、开拓市场的有利时机。从深圳的情况来看,2017 年"资金找项目"的风投市场,已经转变为 2018 年"项目找资金"的新格局。新格局的形成,呼唤着大量的风险投资,为解决中小科技企业发展做出更大的贡献。因此,**各级政府和有关部门应当大力鼓励支持发展风险投资基金,并通过风险投资基金平台,缓解中小民营企业融资难、融资贵的困难。**从当前风险投资发展的实践来看,需要政府抓紧解决好基本问题。

一是处理好发展与监管的关系。应该在鼓励发展中规范监管,而不是以规范监管的名义扼杀风险投资的发展。前几年一些风险投资基金在监管中出现了一些问题,在国家防范金融风险的大背景下,规范监管是必要的。但是有关部门和地区全面暂停了有关资产管理、投资管理、风险基金的注册、变更等审核业务,对风险投资企业的发展带来了不利影响。为此,有关地区和部门应该调整政策,鼓励风险投资的发展,恢复有关风险投资注册等的审核业务。在发展中规范,通过规范促进发展。

二是减少对风险投资行业市场准入的审批。这几年国务院在简政放权方面做了大量工作,取得了显著成就,尤其是在减少行政审批方面力度加大,取消了一大批行政审批项目,完全取消了非行政许可,并提出要取消审批中间层,防止"二政府"的出现。但是目前风险投资基金的成立,还需要中国证券投资基金业协会的所谓"备案"流程,备案审核等实际上是审批。这种做法与国务院简政放权、行政审批制度改革的要求背道而驰,应该予以尽快纠正。

破解民营企业融资难题,需要"政银企"协同发力

徐学明

中国邮政储蓄银行副行长

关于民营企业融资的两点思考

2018 年 12 月 18 日,习近平总书记在庆祝改革开放 40 周年大会讲话中强调指出,"必须毫不动摇巩固和发展公有制经济,毫不动摇鼓励、支持、引导非公有制经济发展,充分发挥市场在资源配置中的决定作用,更好发挥政府作用,激发各类市场主体活力"①。结合学习总书记重要讲话精神,针对当前社会各界高度关注的民营企业、小微企业融资难融资贵问题,谈两点个人的思考。

首先,我想从另外一个侧面谈谈民营企业的重要性。

提到民营企业的贡献,大家通常会用"56789"这几组数字来概

---

① 习近平:在庆祝改革开放 40 周年大会上的讲话,http://www.gov.cn/xinwen/2018-12/18/content_5350078.htm.

括。其一,民营企业大多数是中小微企业;其二,国有企业和民营企业是"你中有我、我中有你,一荣俱荣、一损俱损"的关系。近一个时期以来,民营企业遇到的流动性困难,主要是再融资和股票质押出现了问题。我认为,另外还有一个原因,那就是部分民营企业自身经营遇到了困难。

举一个汽车制造业的例子。近两年来,钢铁价格上涨,这一状况必然向下游传导,由此导致汽车制造业成本上升、业绩下滑,再加上市场需求疲软,最终车企的日子一定不好过,数据显示,2018年大部分车企都是负增长。短期看,市场表象为车企行业不景气;从长周期看,它一定会再反向传导至上游。

国有企业和民营企业已经形成了完整的产业链,国有企业多处于产业链上游,在基础产业和重型制造业等领域发挥核心作用,民营企业越来越多地提供制造业产品特别是最终消费品,两者是高度互补、相互合作、相互支持的关系,是利益攸关的共同体。从这个角度看,救民营企业、小微企业也是在救国有企业,更是在救中国经济。

其次,破解民营企业融资难题,需要"政银企"协同发力。

民营企业、小微企业融资难融资贵,是一个世界性难题。当下,我国民营企业融资难是阶段性、周期性、体制性因素叠加的结果。由于渠道不畅,一旦企业流动性出现问题,很快就会波及债券、信贷甚至资本市场。这里列举一组债券违约数据:截至 2018 年 12 月,在 19.8 万亿元的信用债中,已经出现违约的债券共 236 只,涉及的债券总额为 2050 亿元,违约率为 1.04%。其中,2018 年新发生的违约债券 114 只,违约金额 1190 亿元,民企占比

76.9%,接近八成。

民营企业信贷不良率攀升、债券违约、再融资困难、股票质押爆仓等问题,已经引起社会各界的高度关注。那么,该如何破解呢? 这需要政府、监管、银行和企业四方协同发力。

政府要着眼于打造良好的营商环境

基于刚才讲的国有企业和民营企业是产业链上下游的关系,我们就需要从传统固化的观念里走出来,转向用全新的现代化产业链理念来认识国有和民营经济。借鉴竞争中性原则,要全面深化各项改革,强化竞争政策的基础性地位,创造竞争中性的市场环境、制度环境。要以市场化、法制化手段,公平公正地对待各类市场主体。要坚持权利平等、机会平等、规则平等,降低营商成本,激发各类市场主体的活力。同时,要使积极的财政政策加力提效,加快推进减费降税措施;要有效约束央企、国企举债行为,避免挤出效应。我们非常欣喜甚至是惊喜地看到,2018 年 12 月 21 日闭幕的中央经济工作会议,对进一步加快经济体制改革已经做出全面部署。

另外,还要加强诚信体系建设,提高各级政府依法行政水平,执行政策不搞"一刀切",避免出现忽左忽右的局面。比如对民营企业的债务纠纷,个别地方出现了司法部门打着保护民营企业的旗号,不允许债权人依法开展资产保全措施的现象,这就走向了另一个极端,是典型的"要么不作为,要么乱作为"。

针对政府如何做好中小企业服务这一问题,我们可以借鉴美国小企业管理局的一些做法。该局是美国联邦政府机构,成立于1953年,其主要职能是向中小企业提供政策支持,包括获取贷款融资、获取政府补贴、获得政府采购公平份额等。这一机构对占全美企业总数95%以上的2300多万家小企业的发展发挥了重要作用。

监管部门要坚持市场手段和行政手段"两手抓"

要改善货币政策传导机制,统筹使用货币政策和宏观审慎政策工具,通过定向降准、扩大抵押品等方式,加大金融支持民营企业力度。2018年12月19日,央行创设了"定向中期借贷便利(TMLF)",TMLF资金可以使用三年,利率比中期借贷便利(MLF)优惠15个基点,这是一个非常好的市场化手段。低利率有利于商业银行降低融资成本,提高风险定价能力;同时期限长,可减轻银行流动性压力;特别是定向支持民营和小微企业,可以说靶向非常精准。

在引导银行资金流向民营企业方面,监管部门既需要适当强化窗口指导,对金融机构有硬约束,同时也要坚持按市场规律办事,放松行政管制,推进监管创新,减少政策执行及市场运行的摩擦成本,实现银保监会郭树清主席在2018年接受媒体采访时强调的"要推动形成对民营企业敢贷、能贷、愿贷的信贷文化"。

金融服务民营企业,光靠银行一张资产负债表独木难支,应加强多层次融资市场建设。与国有企业相比,民营企业对非标融资和非银融资的依赖性更强,所以,要充分发挥银行表外融资、证券、保险、基金、信托、租赁、社保等多种融资模式的作用。"影子银行"是传统银行业务的必要补充,近年来,对民营企业融资起到了积极的推动作用,为此,建议在规范的前提下,要给"影子银行"留有适度的发展空间。目前,商业银行都在积极落实资管新规,着眼于打破刚兑,推进产品向净值化转型。希望监管机构对理财非标资产给予一定豁免或政策支持,引导理财资金更好地服务民营企业、服务实体经济。

同时,还要切实落实好中央经济工作会议提出的要求,打造一个规范、透明、有活力的资本市场,提高直接融资比重,使民营企业特别是创新型企业能够及时获得资金支持,以加快创新型国家建设。

商业银行要对各类企业一视同仁

毫无疑问,目前在服务民营企业方面,商业银行是主体。银行服务民营经济,一要解决思想认识问题。银行要认识到,实体经济是金融的根基,金融是实体经济的血脉,银行和企业是命运共同体,实体经济好,银行才能好,所以银行必须放下身段服务实体经济、服务民营企业,在确保稳健经营、可持续发展、防范系统性风险的前提下,尽量让利给企业。二要重构评价标准。银行评价一个企业,要不唯所有制、不唯规模大小,只看优劣,好的企业应该具有如下条件:符合国家产业引导政策、聚焦实业、专注主业、竞争力强、负债合理、公司治理健全规范、企业前景良好。对于这样的好企业,要敢于给它贷款,敢于买它的债券,敢于通过投贷联动为企业提供金融组合服务。三要健全风险定价机制。当前经济运行稳中有变、变中有忧,信用风险加大,这对商业银行风险定价能力是个考验,所以就需要建立更加有效的信用风险评估和约束机制,通过合理定价来优化资源配置,提高效率。四要完善内部考评机制。其核心要义是针对民营企业贷款,要给信贷人员落实尽职免责政策。

再谈一下融资贵的问题。我觉得,在破解融资难之前,讨论融资贵没有前提基础,也是没有意义的。我们要善于抓主要矛盾,先解决民营企业能融到资的问题,然后再谈如何降低融资价格。银行是经营风险的企业,"一手托两家",一方面要保护存款人的利益,有效控制风险;另一方面,要通过提供信贷融资等金融服务来支持实体经济发展。发放贷款,就涉及风险定价问题,银行的贷款利息收入要能覆盖资金成本、运营成本和风险成本。截至2018年12月,大、中、小型企业的信贷不良率分别为1.19%、2.55%、3.39%,单户授信在500万元以下的小微企业信贷不良率已超过4%,而商业银行的资金成本大体在2%～3%,运营成本在2%左右,这样算下来,银行对小企业贷款的综合成本在7%～8%。美国大银行对小企业贷款利率的数据区间在5%～11%,完全采取风险定价。应该说,当前我们正处于经济下行期,风险成本快速上升问题不容忽视。

民营企业要加快转型、稳健经营

打铁还需自身硬。对于当前一些民营企业出现资金流动性困难的问题,既要看到有客观的外部因素,更要从企业自身查找原因。比如,有的法人治理结构不健全;有的企业野蛮生长,盲目铺摊子,盲目多元化经营,冲淡主业;有的在企业经营情况好的时候过分加杠杆;有的信息透明度低;等等。

2019年以来,社会各界对民营企业呵护有加,支持民企发展的各项政策措施渐次落地。相信接下来,广大民营企业和小微企业一定会享受到越来越多的阳光雨露。

因此,对民营企业来说,一要坚定信心。中央经济工作会议已经做出判断,我国仍处于并将长期处于重要战略机遇期。而且,在加快经济体制改革部署中,很多措施对民企、小微企业都是利好。二要加快推进企业转型步伐。要紧紧围绕国家战略来开展工作,比如深化供给侧结构性改革、推动制造业高质量发展、推进乡村振兴战略、深化推进"三去一降一补"等,企业发展要跟上经济转型的脉搏,要学会伴着音乐节拍跳舞。三要专注主业,行稳致远。企业的核心竞争力在于主业经营,民营企业家要心无旁骛,埋头苦干。四要合理控制杠杆。对于企业而言,金融杠杆有如"魔杖",用得好可以"撬动地球",用不好可能会把企业推向万丈深渊。同时还要完善法人治理结构,珍视自身信用,坚持合规经营,切实履行社会责任。

加快国有经济布局调整

张春霖

世界银行集团金融、竞争力和创新全球业务部首席民营经济发展专家

2018 年 12 月,国务院国有资产监督管理委员会主任肖亚庆在第十八届中国年度管理大会上指出,"国有经济布局结构调整的任务还远没有完成"。他还披露了具体数据:"在 398 个国民经济行业中,国有企业涉足的行业仍有 380 多个。"这种坦诚难能可贵,因为国有经济布局调整方面的改革欠账的确已经拖得太久。

国有经济布局调整的必要性,说穿了其实也是常识。既然实行多种所有制成分并存的基本经济制度,国有资本就必须"有所为有所不为",而不可能像改革前那样无所不在。为此就必须对其投资布局进行主动调整,将国有经济集中到一些特定的行业和企业。调整的目的无非是使国有资本能更好地服务于国家经济发展战略的大局。

对国有经济布局进行战略性调整的改革任务已经有 20 多年的历史。1997 年的中共十五大报告就已经明确提出"要从战略上调整国有经济布局"的改革目标。1999 年的中共十五届四中全会

通过的《中共中央关于国有企业改革和发展若干重大问题的决定》中,进一步阐明了改革的原则。该决定特别指出,"国有经济分布过宽,整体素质不高,资源配置不尽合理,必须着力加以解决";从战略上调整国有经济布局,要"坚持有进有退,有所为有所不为"。毫无疑问,国有经济布局调整属于该改也能改的范围。遗憾的是,20 多年过去了,改革的任务仍然远没有完成。改革欠账对国家经济发展的拖累是两方面的,一方面是国有资本布局不合理导致其运行效率降低、对经济发展本应发挥的积极作用不能充分发挥;另一方面是对非国企产生挤出效应,使非国企也不能充分发挥其增长潜力。

国有资本在国民经济各行业间的分布在不断变化,问题是变化的趋势并不符合多年来一再重申的改革原则。观察国有资本在国民经济各行业间分布情况的变化可以有多种方法,其中之一是先计算每个行业在某一年的国有资本总存量中的份额,然后计算该行业在此后若干年国有资本总增量中的份额。如果后者大于前者,说明国有资本布局变化的趋势是在向该行业集中。国资委负责人肖亚庆提到了 398 个国民经济小行业中国有资本的分布情况,没有公开数据,但财政部公布的数据中有 36 个大行业非金融国企的所有者权益的数据。若用此数据计算 2007 年各行业在非金融国企的所有者权益总额中的份额,然后计算 2007—2016 年各行业在非金融国企所有者权益的总增量中的份额,得出的结论是,这十年期间,国有资本布局集中的五大行业是社会服务、房地产、建筑、道路运输和"机关团体和其他"类国企。这五个行业中,"机关团体和其他"类国企的总资产增长最快,十年增加了 11.6 倍,社会服务业次之,增加了9倍。这样的布局变化显然算不上是"战略性调整"。

那么国有资本究竟应该配置在什么行业、什么领域?从1993年十四届三中全会决定开始,一系列政府文件都提出过国有资本配置的优先领域,表2-2提供了关于这些优先领域的主要提法和出现在若干官方文件中的年份。2015年的提法是"推动国有资本向关系国家安全、国民经济命脉和国计民生的重要行业和关键领域、重点基础设施集中,向前瞻性战略性产业集中,向具有核心竞争力的优势企业集中"。

表2-2 国有资本布局优先领域的不同提法出现在官方文件中的
年份以及可能的考虑和依据

优先领域的提法	出现在文件中的年份	可能的考虑和依据
1.国家安全	所有年份	控制
2.国民经济命脉	1993,2006,2007,2013,2015	
3.国计民生	2015	
4.支柱产业	1999,2006	支柱
5.具有核心竞争力的骨干企业	2015	
6.公共产品与公共服务	1999,2006,2013	监管
7.自然垄断行业	1999	
8.重要矿产资源	2006	
9.关键基础设施	2006,2015	

续表

优先领域的提法	出现在文件中的年份	可能的考虑和依据
10.高新技术行业的重要骨干企业	1999,2006	创新
11.前瞻性和战略性产业	2013,2015	

注:所指官方文件包括:《中共中央、国务院关于深化国有企业改革的指导意见》《中共中央关于全面深化改革若干重大问题的决定》《国务院办公厅转发国资委关于推进国有资本调整和国有企业重组的指导意见的通知》《中共中央关于国有企业改革和发展若干重大问题的决定》《中共中央关于建立社会主义市场经济体制若干问题的决定》《中华人民共和国企业国有资产法》。

这些提法的一个共同问题是过于笼统,没有进一步细化为可操作的细则。有些提法如"国民经济命脉""关系国计民生"只是多年沿用的习惯说法,其确切含义经不起推敲。比如农业算不算国民经济"命脉"? 央企大举投资房地产行业,算不算国有资本向"关系国计民生"的行业集中?

进一步分析可以发现,这些提法背后的考虑和依据可能有四种,据此可以把表 2-2 中的 11 个国有资本配置的优先领域分为四组。

第一组包括 1—3 项,可以看作基于"控制"考虑而提出来的。要国有资本向这些领域集中,主要目的是实现国家对这些领域的控制,或者说防止被非国有资本控制。

第二组包括 4—5 项,让国有资本向支柱产业和有核心竞争力的骨干企业集中,大概是希望国有企业在国民经济中发挥"支柱"作用。

第三组是6—9项,其背后的考虑大概主要是经济管理的需要或"监管"需要,这些领域或者是对整个经济有较强的外部性(如关键基础设施),或者是非国有资本一般不愿意进入(如一些公共服务),或者是非国有资本进入会增加监管压力(如自然垄断行业、重要矿产资源)。

第四组包括10—11项,可以说主要是基于"创新"考虑,即希望国有资本能在创新性比较活跃的行业发挥作用。

当然,因为这些提法出现在不同的时期,相互之间也有重叠,比如有些"关键基础设施"属于"自然垄断行业"。2015年的版本涵盖了以上所有方面。

关于优先领域的这四组提法中,第三组所涉及的市场失灵比较清楚,基本上也是其他国家国有资本配置的重点。根据经济合作和发展组织(OECD)对39个国家报告的2647家商业性国企2015年年底的数据进行的分析,这些企业51%的市值和70%的职工分布在具有网络性质的公用事业,包括供电、供气、交通运输、电信等行业。其次是金融业,占这些企业市值的26%、职工人数的8%。

第四组的理论依据也是比较容易说清楚的。国有资本因其为全民所有,风险可以由全民分摊,因此比民间资本具有更强的抗风险能力,在支持那些民间资本不愿意进入的高风险创新项目方面有其独特优势。但这要求国有资本精确瞄准,确实投入这一类项目,而不是泛泛地进入"高新技术和前瞻性、战略性行业"。支持那些民间资本不愿意进入的高风险创新项目,大致上也是"政府引导基金"的本意,但近年来很多政府引导基金似乎已经异化为各级政府调动民间资本实施产业政策的工具。

第一组的道理相对而言更难解释清楚。如果民营企业确实属于"自己人",那么在涉及国家安全的领域,国有资本和民间资本(外资当然例外)应该具有平等地位,哪个占的比重大一些、哪个小一些,不应该是政府关注的要点。至于"命脉"行业,除了属于第四组的那些行业之外,其他行业必须由国有资本控制,好像也没有什么明显的理由。

第二组的道理是最薄弱的。既然民营企业也是"自己人",国有资本就没有必要非要向支柱产业和骨干企业集中。很多支撑中国经济的优秀骨干企业比如华为、阿里巴巴都是民营企业。

基于这种情况,要在国有经济布局调整方面取得实质性进展,首先需要反思和修订过去提出的这些大原则,并确定可操作的实施细则。其关键是要有一个反映国有资本配置优先次序的比较具体的行业目录。完成这样一个目录可能需要时间,但短期内至少可以从优先次序的另一头着手,**在目前国有资本有投入的 380 多个行业中,首先划出一批最不具战略意义的、明显不应成为国有资本布局优先领域的行业,以其中的国有独资和控股企业为目标,明确国有资本将视市场情况逐步退出控股地位。其他类似行业可以逐步确定,成熟一批实施一批。**

根据国务院 2018 年向全国人大报告的数据,非金融类国企中的国有资本总额 2017 年年底是 50 万亿元,总资产 183.5 万亿元。也就是说,如果把这 50 万亿元国有资本全部集中到"战略性"行业和领域,这些行业和领域的资产总规模可以达到 183.5 万亿元。即便是把平均负债率降低到 66％,总资产也可以达到 150 万亿元。与此相比,2017 年全部规模以上工业企业的总资产也只有 112 万亿元。因此,国有资本要向其集中的战略性的行业和领域无论最后如何确定,都不大可能吸纳目前国家已经投入非金融企业的全部 50 万亿元国有资本。因此,从"管资本"的角度,一个势在必行的措施是有关专家已经提出的建议,即把全部国有资本划分为两类,一类投入"战略性"行业和领域,既追求资本回报也追求政策目标;另一类投入其他行业和领域,单纯追求财务回报。二者可以称为"政策性"和"收益性"的国有资本,分别由"国有资本投资公司"和"国有资本运营公司"来管理。关于这"两类公司"的改革,2018 年 7 月国务院发出的《关于推进国有资本投资、运营公司改革试点的实施意见》已经做出了具体规划,其要点之一是国有资本投资公司以对"战略性核心业务"控股为主,国有资本运营公司以财务性持股为主。

按此规划实施的结果,**未来的国有资本布局会由两大板块构成。其一是政策性板块,由政策性国有资本控股的那些"战略性核心业务"组成;其二是收益性板块,包括收益性国有资本投入但原则上不控股的那些"非战略性"业务。改革成功的关键,一是"战略性核心业务"要有具体可操作的目录,保证精准投入;二是在收益性板块方面,国有资本原则上作为财务投资者进入企业,把战略性投资者的角色留给非国有资本。**改革的结果会是,相当一部分现在的国有全资和控股企业会变成国有资本参股的混合所有制企业,摘去所有制标签。即使在政策性板块,国有资本也只需对属于"战略性核心业务"的企业控股,而没有必要对该行业所有企业控股。

目前的国有资本管理高度依赖国企集团的多级法人结构,多数国有企业的控股股东是另一个国有企业。这是因为国有企业数量巨大,而且在 2008 年之后不再下降而是逐年增加,而各级国资委能直接管理的"一级企业"数量有限,因此不得不依靠金字塔结构,由上级企业管下级企业。这个问题在中央一级尤为突出,国务院国资委要监管的国企超过四万家,而直接管理的"一级企业"只有 100 家左右。一些企业集团内部的金字塔结构高达九层,所经营的业务"大而全、小而全",几近小型"经济体"。下一步改革的一个艰巨任务是过渡到主要靠"两类公司"等多样化的国有资本管理机构来管理的体制。看来势在必行的一个措施是按强调多年的"突出主业""瘦身健体"的原则,对国企集团母公司进行重新定位,有的专注于"战略性核心业务",成为国有资本投资公司;有的彻底商业化,单纯追求财务回报,成为国有资本运营公司,并相应调整各自的投资组合。

需要强调的是,国家已经投入非金融和金融类国企的国有资本总额高达 66.5 万亿元,管理这笔巨额国有资本的机构应该逐步多样化并形成相互竞争的格局,而不应仅限于国有资本投资公司和国有资本运营公司;也不一定非得国有,具备资质的非国有主体同样可以受国家委托管理国有资本。至少对收益性国有资本(包括社保基金),现在就可以大力培育其他类型的国有资本运营主体。另外,政府引导基金的下一步发展如何与国有资本管理体制的改革协调配合,也是一个尚待进一步研究的问题。政府层面,除各级国资委以外,各级财政部门在国有资本管理尤其是收益性国有资本管理中的角色亦需加强。

货币政策稳健中性,定向滴灌支持民企发展

盛松成

上海市人民政府参事、中国人民银行调查统计司原司长

2018 年 10 月 22 日,央行连续发布两条消息,均与再贷款政策相关。一是再增加再贷款和再贴现额度 1500 亿元,二是设立民营企业债券融资支持工具。

央行通过再贷款提供部分初始资金,引导设立民营企业债券融资支持工具,并非为民企信用风险兜底,更不是"量化宽松"。

事实上,究竟为哪些企业的债券提供增信、如何定价,主要还是依靠机构的专业判断,依靠市场的力量。央行提供的初始资金主要起到引导、撬动作用,从而推动社会资金参与支持民营企业健康发展。在这个过程中,央行应把握好提供资金的适度规模。只要市场能对民企信用风险的评估回归理性,央行引导设立民营企业债券融资支持工具的信号意义其实更大,甚至并不一定需要动用大规模资金。

对于机构来说,通过合理评估和理性判断,为有财务可持续性和发展潜力的民企提供资金支持也可能是比较好的投资机会。有

机构测算,目前信用债的违约规模与违约率实际是低于银行贷款的。2018 年上半年商业银行平均不良贷款率为 1.81%,是信用债市场违约率的 10 倍。

政策出台的初衷

数据反映出我们确实需要加强对实体经济的资金支持力度。2018 年 9 月央行公布了 M2 同比增速,仅有 8.3%,仍处于历史较低区间。2018 的前三季度我国 GDP 累计同比增速是 6.7%,而 9 月 CPI 同比增速达到了 2.5%。按过去多年的经验,在这样的经济增速和物价水平下,如果货币供应量增速在 10% 或以上,都是比较适度的。可见目前资金确实是比较紧的,实体企业尤其是小微企业和民营企业的融资比较难。

表外融资大幅萎缩也反映出近半年来金融对实体经济的资金支持仍有待加强。从社会融资规模指标看,虽然人民币贷款同比增加,但难以抵补表外融资的萎缩。2018 年 1—9 月,委托贷款、信托贷款和未贴现的银行承兑汇票对社会融资的贡献率均为负,三项合起来将社会融资增速拉低了 1.7 个百分点,而 2017 年前同期这三项拉动社会融资规模增长 1.8%。

总的来说,表外融资下降控制了金融风险,长期看有利于经济稳定和发展,同时也需要处理好实体经济现实的融资需求。尽管人民币贷款不少,但直接融资和表外业务下降较多,M2 增速也不高,在资金的整体运用上需要合适的调整和转换。此外,受多种因素影响,企业家和投资者面对当前市场前景的不确定性,避险情绪较重,这本身也会使市场的自我调节变得困难。因而,2018 年 10 月推出的这两项措施,对于增加对小微企业和民营企业的资金支持,改善民营企业融资环境改善民营企业的融资环境,是十分及时和必要的。

是不是"量化宽松"

设立民营企业债券融资支持工具,通过信用风险缓释工具等增信措施,有利于提高投资者对民营企业信用债的投资意愿,尤其是那些暂时遇到经营困难,但有市场、有前景、技术有竞争力的民营企业,仍然具有投资价值。然而,目前市场对民企融资的态度似乎是"一刀切"的,这其实是非理性的。

人民银行通过再贷款提供部分初始资金,引导设立民营企业债券融资支持工具,并非为民企信用风险兜底,更不是"量化宽松"。

是否会形成风险

从国务院常务会议决定设立民营企业债券融资支持工具的要求看,民营企业债券融资支持工具将以市场化方式帮助企业缓解融资难的问题。人民银行新闻稿中也指出,"民营企业债券融资支持工具由人民银行运用再贷款提供部分初始资金,由专业机构进行市场化运作,通过出售信用风险缓释工具、担保增信等多种方式,重点支持暂时遇到困难,但有市场、有前景、技术有竞争力的民

第二辑 缓解民企融资困境

097

营企业债券融资"①。总体来看,国务院常务会议和人民银行发布的信息都强调在具体落实中尊重市场规律。此外,在风险识别和风险控制方面,相关各方也会研究出更具体的措施,规避道德风险。由此可见,财务可持续性是得到充分重视的。

而随着民营企业经营状况逐步好转,市场偏好回归正常,情况还可能更好。对于机构来说,通过合理评估和理性判断,为有财务可持续性和发展潜力的民企提供资金支持也可能是比较好的投资机会。

是否会造成"大水漫灌"

民营经济在整个经济体系中具有重要地位,贡献了50%以上的税收,60%以上的GDP,70%以上的技术创新,80%以上的城镇劳动就业,90%以上的新增就业和企业数量。小微企业和民营经济是国民经济的薄弱环节和重点领域。

这部分再贷款再贴现资金是有针对性的定向调控,通过支持有市场信贷需求的金融机构增加信贷投放,从而实现对实体经济真实需求的"精准滴灌",促进经济结构的调整和优化。此外,从总量上看,央行增加的再贷款再贴现额度也是适度的,不是"大水漫灌"。

---

① 人民银行:设立民营企业债券融资支持工具 毫不动摇支持民营经济发展,http://www.gov.cn/xinwen/2018-10/22/content_5333617.htm.

设立民企债券融资支持工具是央行重大政策创新

徐 忠

中国人民银行研究局局长

民营企业是中国经济的发动机,在政策层面,需要一方面毫不动摇地巩固和发展公有制经济,另一方面毫不动摇地鼓励、支持、引导非公有制经济发展。设立民营企业债券融资支持工具,是当前形势下中国人民银行落实党中央、国务院的统一部署,坚持"两个毫不动摇"的具体政策举措。

2018 年,受经济下行压力加大、国内外形势复杂多变等因素影响,部分民营企业出现经营和融资困难,民营企业债务违约现象也有所增加,部分市场主体对民营企业风险规避情绪较重,对民企融资存在非理性行为。而且,在经济去杠杆的大背景下,过去部分依赖"影子银行"融资的民营企业,必然面临表外融资转表内融资的阵痛。央行有必要采取精准有效措施,大力支持中小微企业和民营经济发展。针对债券市场公开、透明、预期引导性强的特点,以债券市场作为关键突破口,由央行运用再贷款提供部分初始资金,通过出售信用风险缓释工具、担保增信等多种市场化方式,支持民营企业发债融资,可以释放积极信号,增强民营企业债券投资信心,阻断民营企业股、债、贷信用收缩相互传染风险,并带动民营企业整体融资业务恢复。

为了保障民营企业债券融资支持工具的实施效果,必须坚持以下原则。一是市场化法治化原则。央行不直接实施支持计划,而是委托给市场上的专业机构运作,在运作过程中,严格遵守法律法规,遵从契约精神,切实保护民营企业私有产权。二是有的放矢、适时退出。支持工具以企业自救为前提,重点满足流动性遇到暂时困难的民营企业的合理融资需求,遵循阶段性帮扶理念,限期有序退出。三是防范道德风险。对于扶持的企业,央行将与各省政府合作,协调企业积极制定自救计划,改善经营管理措施,增强自身抵御风险能力,并对企业规范经营进行跟踪和约束,引导民企建立规范的公司治理机制、财务管理和信息披露制度,积极"瘦身"自救,促进民企经营实质性改善。

在具体实施过程中还要采取一系列配套措施改善民营企业债券融资环境。一是引导金融机构改进民企债券投资尽职免责办法,增加违约容忍度,适当提高风险偏好。二是支持债券信用增进公司和加大民企发债的担保力度。三是积极发展不良债券处置市场,引导专业机构参与已违约的民企债券交易。四是完善债券违约处置机制,畅通债券违约的司法救济渠道,完善持有人会议制度和受托管理人机制,切实提高民企债券违约处置效率。五是稳步发展基础的信用衍生品交易,并为金融机构参与信用衍生品交易给予必要的政策支持。

必须强调的是,设立民营企业债券融资支持工具,并不意味着

货币政策取向发生改变,其政策着眼点在于弥补民营经济的融资短板,以市场化手段重点支持暂时遇到困难,但有市场、有前景、技术有竞争力的民营企业债券融资。银行体系流动性总量是基本稳定的,银根是稳健中性的,货币政策取向没有改变。央行将继续实施稳健中性的货币政策,不搞"大水漫灌",注重定向调控,保持流动性合理充裕,引导货币信贷和社会融资规模合理增长,为高质量发展和供给侧结构性改革营造适宜的货币金融环境。

第三辑

发展普惠金融

中国如何引领绿色金融的未来

徐　忠

中国人民银行研究局局长

　　发展绿色金融已经成为中国新时代一项重要的国家战略。2012 年 11 月,党的第十八大首次把"美丽中国"作为生态文明建设的宏伟目标。生态文明建设被摆在了中国特色社会主义"五位一体"总体布局的战略位置。党的十八届五中全会提出了"创新、协调、绿色、开放、共享"的新发展理念。2015 年,中共中央、国务院发布的《生态文明体制改革总体方案》和 2016 年国家"十三五"规划纲要明确提出了"构建我国绿色金融体系"的宏伟目标。所以说,发展绿色金融是一项重要的国家战略。

　　同时,中国在国际社会中积极倡导绿色金融发展,起到了重要的引领作用。在中国倡导下,2016 年杭州 G20 峰会发布了《二十国集团领导人杭州峰会公报》,首次将绿色金融写入其中,发展绿色金融通过 G20 杭州峰会公报成为重要的全球共识。在中国的倡议下,2016 年 9 月 6 日,G20 绿色金融研究小组正式成立,小组发表的《2016 年 G20 绿色金融综合报告》明确了绿色金融的定义、目的和范围,识别了绿色金融面临的挑战,提出了推动全球发展绿色金融的七个选项,成为国际绿色金领域的指导性文件。

中国在国际双边、多边合作中倡导推动绿色金融发展。中英联合探索商业银行和资产管理公司环境信息披露的内容和方法;中美建立了中美建筑节能与绿色发展基金;中国和卢森堡也同步发布了绿色债券指数,由中国机构编制的绿色金融标准首次被境外资本市场交易机构采纳;《中国对外投资环境风险管理倡议》(2017)的发布有力推动了我国对外投资绿色化进程;等等。

中国发展绿色金融的独特背景

中国发展绿色金融的提出背景包括以下方面。

从"阴谋论"到加入减排的转变。2008年,在关于中国是否加入哥本哈根碳减排问题的讨论中,国内曾有不少人持"阴谋论",认为这是发达国家蓄意将中国这样一个重要的发展中国家纳入一个限制减排的制度中,增加发展成本、削弱竞争力,从而阻碍中国经济的发展。但几年后,大家的认识发生了改变,雾霾、资源等问题的严重性,让人们深刻认识到疯狂追求GDP,忽视经济、社会和生态的和谐发展,终将导致经济发展不平衡和不可持续,人们越发意识到可持续发展的重要性。

严峻的生态环保现状。在中国经济高速发展的同时,我们深深感受到了环境问题的严峻性。持续的雾霾天,严重的环境污染和资源浪费,严重的生态环境问题成为经济发展的短板,威胁着中国的可持续发展。我国有82%的人饮用浅井和江河水,其中水质污染超标水源 75％；全国耕地面积的 19％以上污染超标；清洁能源只有 15％，而发达国家的这一比例占到 25％～33％。多年前，清华大学李宏彬教授等专家在《美国国家科学院院刊》上发表的研究报告《空气污染对预期寿命的长期影响：基于中国淮河取暖分界线的证据》指出，长期暴露于污染空气中，总悬浮颗粒物每上升 100 微克／米³，平均预期寿命将缩短 3 年。按照北方地区总悬浮颗粒物的水平，意味着中国北方 5 亿居民因严重的空气污染平均每人将失去 5 年寿命。这项研究表明严重的空气污染会产生巨大的健康成本，制定和实施力度更大的空气污染治理政策具有较高的经济价值。

发展绿色金融推动绿色发展，将为经济增长汇集新的增长点。长期以来，我国经济发展过度依赖房地产和基础设施建设来拉动，这样的发展模式不可持续。新的经济增长点在哪？其中之一就是推动绿色发展，通过绿色转型破除传统发展的路径依赖，为经济增长汇聚新动能。研究表明，绿色投资对国民经济发展起到显著拉动作用。发展绿色金融可同时起到稳增长和调结构的作用。据估算，在节能领域，"十三五"期间年高效节能技术与装备市场的年均值可达 7000 亿元；在污水处理领域，仅膜技术应用就可能创造 700 亿元的市场规模。此外，通过绿色金融体系可以改变不同类型项目的融资成本与可获得性，引导社会资本逐步从高污染、高耗能行业退出。

"绿水青山就是金山银山"科学论断的提出。2005 年 8 月 15 日，时任浙江省委书记习近平在浙江省湖州市首次提出了"绿水青山就是金山银山"的科学论断。实际上，习总书记当时提出这样的论断,是与他陕北—福建—浙江的亲身经历和长时间的深入思考密不可分的,是紧密结合了中国经济发展的实际和科学发展的理念的。

此外,中国绿色金融的发展也缘于深厚的文化传统。中国的传统文化理念强调"天人合一"、人与自然的和谐发展,讲究"君子爱财取之有道"。近一二十年,我国经济发展过度追求 GDP,忽视与自然环境的和谐发展,产生了环境污染、资源短缺、食品安全等一系列问题,这与我们的传统文化理念相违背。

"自上而下"的政府推动是中国绿色金融发展的显著特征

西方发达国家绿色金融发展主要是通过市场中介机构和 NGO(Non-Governmental Organization,非政府组织)等推动的。西方发达国家的经济发展经历了"先污染后治理"的模式。20 世纪六七十年代,罗马俱乐部基于对发达国家发展方式的担忧和质疑,深入探讨了关系人类发展前途的人口、资源、粮食和生态环境等一系列根本性问题。1972 年,该俱乐部发表了著名研究报告《增长的极限》,提出"地球已经不堪重负,人类正在面临增长极限的挑战,各种资源短缺和环境污染正威胁着人类的继续生存"。"先污染后治理"的发展模式阻碍了经济的可持续发展,发达国家最终意识到,经济发展要走可持续发展道路。

西方发达国家意识到走可持续发展道路后,首先是由市场中介机构以及 NGO 等社会组织自下而上推动的。2003 年,花旗银行、巴克莱银行、荷兰银行、西德意志州立银行等 10 家银行宣布实行赤道原则。之后,社会责任投资原则(Socially Responsible Investment,简称 SRI)、ESG 理念①成为投资领域流行趋势,逐步将环境责任纳入投资考量。通过市场中介机构以及 NGO 等社会组织的不断推动,国际社会对于发展绿色金融达成共识。2015 年 12 月,《联合国气候变化框架公约》(1992 年 5 月通过)近 200 个缔约方在巴黎气候变化大会上签订《巴黎协定》,为 2020 年后全球应对气候变化行动做出安排,这标志着全球经济活动开始向绿色、低碳、可持续转型。

中国共产党把生态文明建设作为行动纲领,将绿色发展上升到国家战略的高度,这在国际上是没有的,通过政府推动,能更好地集中力量和资源把事情办好。

当然,要真正发挥政府推动作用,还需要结合基层自下而上的探索与实践,同时也需要在全社会达成共识。

顶层设计与基层探索的有机结合是推动我国绿色金融落实的有效路径和核心

随着绿色发展共识的不断达成和政策的调整,越来越多的市场主体意识到,发展绿色金融既是改善生态环境实现可持续发展的内在要求,也是我国供给侧结构性改革的客观需求。绿色企业

① Environment(环境)、Society(社会)、Governance(理念)三个单词的缩写。

和绿色项目的融资需求将会形成巨大的市场蓝海,吸引金融机构创新各种产品服务来适应业务发展,在业务拓展过程中日益增加环境效益考量,主动向绿色方向转型。

(一)绿色金融的顶层设计和制度安排不断完善

2016 年 8 月,人民银行等七部委联合发布的《关于构建绿色金融体系的指导意见》,第一次系统性地提出了绿色金融的定义、激励机制、披露要求和绿色金融产品发展规划与风险监控措施等,成为我国绿色金融发展的纲领性文件。绿色指标被逐渐纳入金融政策、监管规定和相关法律制度。此外,近年来我国陆续出台的《水污染防治行动计划》《中华人民共和国环境影响评价法》等法律法规也为绿色金融发展营造了良好的法制环境。

(二)绿色金融市场蓬勃发展,市场规模和产品结构迅速提升与优化

一是我国绿色信贷增长呈现健康发展态势。绿色信贷规模保持稳增长的趋势且绿色信贷的环境效益较为显著。银保监会公布的数据显示,国内 21 家主要银行机构绿色信贷规模从 2013 年年末的 5.2 万亿元增长至 2017 年 6 月末的 8.22 万亿元。二是我国绿色债券市场发展引人注目。我国于 2015 年年底推出绿色债券后,获市场普遍认可。2016 年被称为中国绿色债券元年,全年共有 49 家发行人发行了 1990 亿元的各类绿色债券。其中,绿色金融债券共发行 1580 亿元,发行总量和单只规模都居全球首位。2017 年,我国绿色债券发行量达 2500 亿元,是全球最大的贴标绿

债发行国之一。三是碳市场发展有序推动。此外,绿色金融区域改革试点揭开帷幕,试点工作取得实效。

应该说,我国绿色金融发展走在了国际前列,得到了国际社会的高度关注和认可。但是,国际上也出现了对我国绿色金融发展的质疑声,如质疑我国绿色债券全球第一,其是否符合"绿色"标准等。在绿色金融发展的大背景下,我国绿色金融发展中还存在一些关键性问题。只有把握住这些关键性问题才能得到国际社会的认可,也才能推动我国绿色金融健康可持续发展。

绿色金融发展的几个关键问题

(一)明确绿色标准是前提

2018年,《金融时报》曾报道了西方发达国家对中国绿色债券的质疑,质疑其是否是真正的绿色债券,这就是一个绿色标准问题。绿色金融的标准是否科学,是否得到大家的认可是绿色金融发展的一个关键。绿色金融的核心在于实现资金要素的配置,类似于金融扶贫、金融支农支小,其本质上是一种金融政策,其关键是要对准目标、对准服务对象,确保资金能够真正流向绿色节能、环保型企业和项目。

中国发展绿色金融,从一开始就高度重视绿色标准建设。在绿色金融产品标准方面,2012—2015年,银监会先后出台了《绿色信贷统计制度》《绿色信贷实施情况关键评价指标》《能效信贷指引》等绿色信贷政策,明确了标准的绿色信贷统计口径和分类,其中《绿色信贷统计制度》明确了属于绿色信贷范围的标准。人民银行和发改委先后出台了《绿色债券支持项目目录》和《绿色债券发行指引》，确定了符合绿色项目范围的标准。此外，人民银行、沪深交易所及交易商协会先后公布了关于绿色债券信息披露的标准，要求发行人按年度或半年度披露募集资金使用、项目进展以及实现的环境效益等情况。在绿色金融发展中始终强调，绿色金融不是一个筐，不能什么都往里装。

当然，构建科学、统一、协调的绿色金融标准体系是个系统工程，人们对"绿色"的认识也在不断深化。例如，"两高一剩"企业就是非绿色企业吗？并不尽然，很多此类企业的绿色改造项目就应当被认定为绿色项目。再如，高铁项目就一定是绿色项目吗？也不尽然，人口稀少地区的高铁项目就是非绿色项目。目前，对于绿色标准，部门之间也存在分歧，大家也在通过研讨逐步形成共识。人民银行牵头相关部门正在抓紧推动相关工作。2017年6月，人民银行、银监会、证监会、保监会、国家标准委联合发布《金融业标准化体系建设发展规划(2016—2020)》，明确将"绿色金融标准化工程"列为"十三五"时期金融业标准化的五大重点工程之一。2018年1月，人民银行研究局牵头成立绿色金融标准工作组，推动绿色金融系列标准编制工作。此外，人民银行在绿色金融的国际交往合作中积极探讨推动建立国际统一的绿色金融标准体系。中国也在和英国等国家一起探讨，绿色债券能否使用统一标准，确保相关项目的绿色属性。

（二）绿色金融的商业可持续性是关键

没有商业可持续性的绿色金融是没有生命力的。绿色金融商业可持续性取决于三个方面。第一，要有严格的环保执法政策，这是绿色金融发展的大环境。第二，财政税收等方面的激励引导政策做得好、做得实也有利于绿色金融可持续发展。第三，市场中介机构等市场主体的社会责任、绿色投资意识越强，越利于绿色金融可持续发展，越多的主体投资绿色项目必然有利于降低绿色项目的成本和价格。从市场主体看，一方面要通过创新提高绿色项目回报率，另一方面要运用价格机制吸引资金配置。具体来说，主要体现在以下两大方面。

第一，坚持市场导向。一是要充分发挥市场配置的基础性作用，不断通过机制体制创新提高绿色项目的回报率，引导金融资源配置到节能环保的绿色领域，退出污染性行业，促进产业结构绿色转型升级，服务实体经济绿色发展。二是要加大绿色金融产品和服务创新以及绿色金融商业模式创新，通过价格机制，运用绿色信贷、绿色债券、绿色产业基金、绿色担保、绿色补偿基金等产品工具，广泛调动各种资源为绿色金融提供源头活水，推动绿色金融可持续发展。三是强化市场主体的社会责任和绿色发展意识。

第二，加强政府引导。一要加大对绿色发展的激励引导。包括：建立绿色项目库，为资金对接合格的绿色项目；建立绿色担保基金，完善风险补偿机制，提升投资者的风险承受能力；对于绿色项目，特别是具有半公益性或公益性质的绿色项目给予资金支持（如予以财政贴息、税收优惠，建立政府绿色发展基金）。此外，也包括人民银行再贷款、再贴息等货币政策工具的运用,从而降低绿色项目的融资成本。二要强化对非绿色项目发展的约束。包括:提高环境信息披露要求,搭建公共环境信息共享平台,完善绿色金融基础设施建设,提升市场透明度;明确环保法律责任,严格环保执法力度,通过提高污染项目成本降低绿色项目成本,实现企业环境效益内生化;完善绿色评级及认证制度,培养负责任的绿色投资者,让更多投资人愿意购买或投资绿色产品和项目。

(三)坚持探索绿色金融创新是重点

绿色项目的融资需求具有多层次性和多样性,这就需要充分发挥主观能动性,积极探索创新,根据绿色项目的不同需求匹配相应的金融产品和服务。纯粹的公共产品,通常可由财政资金或者公共资金来承担;具有投资回报性、可商业化运作的项目,则应充分发挥金融的支持作用,根据项目需求提供相应的金融产品和服务。

(四)坚持防范风险的底线

绿色金融本质上还是金融,防范风险是金融的永恒主题,我国发展绿色金融牢牢守住了风险底线原则。绿色金融的风险点集中在以下五个方面:第一,绿色项目界定标准不完全统一,对什么是绿色项目在某些领域还没有达成完全一致的观点;第二,信息披露不完善,认证评级不规范;第三,绿色资金的后续监督管理有待加强,资金可能以"绿色"名义流入非绿色项目;第四,绿色项目高杠杆、高负债的风险;第五,"洗绿""假绿"等风险。

明确了绿色金融发展的关键问题,再来看看我国绿色金融区改革试点已经做了什么,还需要做些什么。

绿色金融区域改革试点及展望

2017年6月14日,国务院第176次常务会议审议通过了浙江省、广东省、新疆维吾尔自治区、贵州省、江西省五省(区)绿色金融改革创新试验区总体方案,决定在五省(区)部分地方设立绿色金融改革创新试验区。中国绿色金融迈入"自上而下"的顶层设计和"自下而上"的区域探索相结合的发展新阶段。

方案推出后,五个绿色金融试点地区以金融创新推动绿色发展为主线做了大量有益探索。

一是绿色金融产品和服务创新不断涌现。包括:组建绿色金融专营体系,优化绿色信贷流程,完善产品定价,创新绿色信贷产品;丰富绿色信贷抵押品范围;运用资本市场拓宽绿色产业融资渠道;全面推行环境污染责任保险制度,大力创新绿色保险产品;探索绿色资产证券化模式;等等。

二是建立健全激励约束机制,保持绿色金融商业可持续性发展。包括:运用货币政策工具支持绿色金融发展,运用再贷款、再贴现等货币政策工具引导金融资源流向绿色产业;将绿色债券、绿色贷款纳入央行合格担保品范围,推动绿色发展;成立绿色金融发展专项资金,对实现有效服务产业转型升级的金融机构给予财政奖励和补贴;构建绿色金融风险补偿机制,对金融机构支持绿色转型发展因不可抗力产生的损失提供相应的风险补偿;等等。

三是绿色金融相关基础设施建设取得成效。包括:通过建设绿色信息披露机制,为金融机构绿色金融产品定价和风险识别提供较好的平台;加强对绿色金融产品的信息披露力度,为绿色资产贴上"绿色标识",帮助金融机构化解环境信息不对称问题,为绿色金融产品和服务的定价,以及风控提供更准确的依据;以绿色项目库建设为抓手推动绿色项目认定评级工作;等等。

四是切实加强监管,防范风险。包括:将绿色金融有关情况纳入宏观审慎评估考核,引导金融机构审慎发展绿色金融业务;建立区域性绿色金融同业自律机制,促进绿色金融规范发展;探索监管机制创新,促进金融机构绿色转型,建立地方性绿色银行监管评价体系,实现绿色银行评级、绿色运营监测的自动化、精准化、常态化和可视化;建立绿色金融风险预警机制,开展信贷风险监测与压力测试,探索建立绿色金融风险防范化解机制;等等。

下一阶段,绿色金融试验区将以问题为导向,坚持市场化取向,更加主动作为,积极探索。一是探索完善绿色金融的标准体系;二是优化绿色项目库建设;三是推动法人金融机构开展环境信息披露工作;四是深化绿色金融的体制机制创新。此外,要进一步完善体制,形成绿色金融有效工作的合力,力争更多体制机制创新,为我国绿色金融发展探索出可复制推广的经验和模式,从而提升绿色金融支持实体经济绿色转型的能力,促进我国经济可持续发展。

乡村振兴和县镇金融发展中的政策性融资

贾　康

华夏新供给经济学研究院院长

十九大后,按照中央指导精神,如何振兴乡村,以及金融如何更好为经济社会发展服务,得到了各方高度重视。县镇的金融发展是为县镇经济服务的,在县镇经济中,工业、农业、服务业等多种产业对接着基层乡村振兴,并在现实问题中密切关联着小微企业金融、普惠金融、绿色金融等一系列概念,被决策层和有关部门反复强调。

小微企业金融、普惠金融、绿色金融等是具有鲜明政策色彩的金融形态和金融活动,大多可以归入政策性金融的范畴。在中国现代化发展、和平崛起的过程中,政策性金融体系应该和商业性金融体系一起,放在现代化的战略层面上,纳入供给侧结构性改革的系统工程。金融领域的"双轨制",在可以预见的未来是无法消除的,与此类似,不动产、房地产领域里的"双轨制",也是很清晰的:住房的供给必须有保障房托底,又必须有与市场直接对接的商品房,保障房和商品房的融资不能混为一谈,金融业在这个领域里是具有"双轨制"特征的。同样,在乡村振兴与县镇发展的金融支持机制方面,"双轨制"特点也非常鲜明。

当前乡村与县镇金融仍然面临供需不匹配及相关机制问题

一方面,从需求角度看,大量乡镇小微企业的经济活动需要得到融资支持,很多农户(县镇辖区内乡村振兴的基层单元)的生产经营也迫切需要得到融资支持。此外,无论是农业、工业还是服务业的经济活动,现在都越来越明显地受到了环境保护的制约,迫切需要得到与低碳绿色发展中必须做出的业态改造升级相关的融资支持。

从供给角度看,中国总体来说"不缺钱"。改革开放四十多年来,在综合国力提升过程中,从资本的供给方——融资的"金主"这方面来看,无论是国有的金融体系还是非国有的金融体系,总体上都有雄厚的资金力量。民间资本总体来说已经走过了原始积累阶段,国有金融体系综合力量的提升更是有目共睹。但是所有这些所谓的"金主",虽然有支持的态度,实际却无法可持续地给予小微企业、"三农"、绿色低碳发展等需求方意愿中的融资支持。很多年前,一些具有一定规模的银行就专门设立乡镇银行进行试点,某些特定业务对应于农村基层小微企业和乡村振兴、绿色发展等,但综合来看,并没有形成一个可持续的支持态势。商业银行和金融机构做这些业务的内在动机与意愿明显不足,这是由它们在商言商的运行机制决定的。多年存在的金融供需不匹配的矛盾,显然是可以纳入十九大党中央总结的"人民日益增长的美好生活需要和不平衡不充分的发展之间的矛盾"之中的。

对基本现实的考察告诉我们,与小微企业和"三农"、低碳绿色经济等需求方活动相关的具体项目,有平均规模小、风险度高、不确定性明显、资金安全水平低等特点,而风控成本则使在商言商的银行和金融机构不可能产生持续支持的意愿和行为。这些"金主"们实际上认同的是商业性金融"锦上添花"的机制:谁的项目可预见的效益水平高、风险度低,他们就特别积极地给予融资支持。大中型企业一个项目的贷款支持,其规模可能是几十个、几百个小微企业项目规模的总和,总成本差异悬殊,更不用说风险度远不在一个数量级上,首选给予前者支持,而对后者避之唯恐不及,这就是利益驱动之下的利润导向,也是一般市场化资源配置机制所支配的商业金融的必然运行特点。这种"锦上添花"式的资源配置机制能够很大范围内解决我们所说的经济运行的绩效问题。同时,社会生活中存在着另外一种迫切的需求,就是"雪中送炭"。前面所说到的小微企业、"三农"、绿色低碳发展等需求方,主要可以归于需要"雪中送炭"的这一方,而这一方所应该得到融资支持后面的机制建设任务,和锦上添花的机制建设任务是明显不同的。

构建合理的"雪中送炭"机制,实现可持续金融支持

怎样才能构建一个合理的"雪中送炭"的机制,以融资的方式

来实现普惠,实现对小微企业、"三农"、绿色低碳经济有效的可持续的金融支持? 这里至少可以提出两条途径。

一是在科技创新视角上,依靠信息化时代带来的商业性金融边界的扩展。过去的商业性金融无法可持续地支持小微企业的融资活动,但是在现实生活中,"互联网+"却提供了一种案例:一些互联网公司对于大量基层创业创新者提供的小额贷,依靠大数据、云计算等现代信息技术的支持,形成了自己的信息来源——数据库支撑的技术上认为可行的全套的软件设计和运行。它可以在网上接受基层融资需求者的申请,然后用他们所谓"零人工干预"的程序在软件系统里自动地做分析处理,来决定是不是可以发放申请者所希望得到的小额贷款。这种零人工干预的、靠技术创新支持的小额贷款的发放,公司认为风控是过关的,是可持续的,实际形成的融资成本比其他一般的融资只高出一点点,这在过去是无法实现的。这种科技创新支持的普惠色彩开始浓厚起来的金融支持,当然也有它的局限性:其前提是这些申请者必须在大数据的信息库里有相对充分的电子痕迹。可以设想,那些淘宝户(淘宝网上自己开淘宝店的这样一些草根创业创新者,很多在乡村,现在乡村中已出现了一些"淘宝村")是有信息痕迹可查的,于是就容易被纳入带有普惠金融性质的小额贷款支持的覆盖面。但是另外有一些来自穷乡僻壤的农户,他们基本上没什么电子使用痕迹(可能连银行借记卡都没有),他们要发展自己小微企业规模的生产经营活动,可能就无法通过这样的途径取得小额贷款支持。当然,这种小额贷款支持已经比尤努斯在孟加拉实验多年、得到国际社会肯定的那个小额贷款的水平,大大提高了。尤努斯的小额贷款实际上依靠的风控机制,是熟识人社会里的"连坐制":一个自然村落里的农民,取得规模不大的贷款支持,用于养鸡养羊等,谁如果不能按照原来的承诺去还本付息,向他提供担保的这些人,也就都断了今后得到融资支持的可能。我国近年如阿里公司的种种科技创新支持的小额贷款,已经在这方面有明显的突破,这是"互联网+"和信息时代的技术革命,非常值得肯定。

虽然第一条途径扩展了商业性金融覆盖的边界,但并没有解决身处穷乡僻壤、没有电子痕迹的农户的融资支持问题。所以,一个更带有普遍性,或者至少要和"技术创新"放在一起等量齐观来密切跟踪和完善的"制度创新",即政策性、开发性金融,可望形成金融普惠的第二条途径。改革开放以后,大家对财政贴息,以及和商业性信贷结合起来带有政策倾向、带有政策支持特征的信用担保机制耳熟能详。然而,尽管经历这么多年的发展,财政贴息所达到的效果却并不能令人满意,于是,就需要以公共资源资金为后盾,全面考虑如何构建一个政策性融资的创新体系。在 20 世纪 80 年代后期到 90 年代初期,我国就已经认识到商业性金融和政策性金融必须同时存在,而且要各放异彩,所以,在全国层面组建了国家开发银行、农业发展银行等政策性、开发性银行,在地方建立了各种各样的信用担保公司,属于地方政府政策性融资支持机制。在财政贴息和政策性融资支持方面,基于已有的一系列探索,又在发展如产业基金、产业引导基金等基金形式,并且在实际生活中已经形成了经历动员阶段之后有大发展、当下要进一步强调稳一稳以求得规范发展、可持续发展的 PPP 模式。这种 PPP 模式的投融资,也是有非常鲜明的政策因素,而且它在运行机制上的创新特点也是非常鲜明的。

以上两个途径,可以形成关于金融政策怎么样才能普惠,覆盖乡镇的小微企业、"三农"和绿色发展等需求方的融资要求的基本认识。

典型案例分析

案例1:广西恭城循环经济模式。广西恭城位于桂林附近,形成了一个乡村发展循环经济的雏形。过去恭城县乡村居民是通过砍树取得烧火做饭的燃料,将树作为唯一的能源供应来源——这是在现实生活中亟待改变的一种形成生态环境压力的不良状态。后来当地政府通过政策引导,给予农户帮助,形成了农户养猪后把猪粪放入沼气池产生沼气的能源供给新来源。在中国很多的农村区域,沼气池都是前些年反复引导和推动的建设重点之一。恭城农户以家庭养猪的方式配上沼气池建设,不仅生活质量得到了提高,提高了收入水平,并且有效地保护了植被。农户沼气入户以后使用的厨房设备,跟在城镇区域用天然气、液化气没什么区别,也是很规范的灶台和显示仪表。而恭城把由农户养猪到沼气入户这两个环节的事情做出来以后,进而发现一个问题:这种沼气池每隔一段时间要清理里面的沼渣和沼液,将其清理出去之后放在哪里呢?它是高质量的有机肥,当然就可以把它施加到农户种植的土地上,比如施加到就近的果园里,助益柑橘等果品的收成。这种有机肥施加上去以后,产出的果品又成为最适应现代社会需要的高质量的、口感特别好的经济作物产品——有机肥培养出来的这些果品既可以卖个好价钱，使农民又提高了收入，这就是"猪—沼—肥—果"一个一个环节循环而体现的好处。

受到桂林旅游业的启发，农户们又将这一模式进行了深化，他们自己腾出一部分居住空间，配置一些基本的用品以后，开展农家乐旅游项目。农家乐旅游适应了城镇区域很多居民收入提高以后的需要，他们在周末、节假日到这里吃农家饭，到果园里采摘水果，呼吸新鲜空气。这既是城镇居民生活质量提高的重要方式，同时又是农户进一步提高收入的可行办法。这时，有的企业便想到了一个问题：能不能来一个规模化的整合？企业的决策者认为，他们可以请高水平的专家，在这种农村自然村落里对整个沼气系统进行高水平的规划设计。这种规划下的升级可能是适应国家政策需要，使养猪形成规模化的养猪场。这种规模化的整体设计，又与我们现在特别注重的乡村振兴对接上了。企业介入这样一个领域，显然不能理解为简单的"学雷锋"，它是在商言商，注意到了商机，意识到了这方面自己利用比较优势带来投资回报的可能性，但碰到的瓶颈就是融资支持问题。商业性金融对此不敢贸然介入，而政府以财政后盾为支持，就可能把我们认为有政策支持效应的贴息、政策性信用担保贷款和产业基金支持等加入进来。于是，整个循环经济的链条按照恭城展示的这样一环一环递进形成的一个全景图是什么呢？是循环经济，是绿色低碳发展中造福于"三农"和相关的乡村产业振兴，是社会的升级发展。显然这是一个需要继续跟踪观察的案例，而且如果结合这几年PPP模式的发展经验，这种特定区域的连片开发,具有特定的机制可塑性,展现了一个非常值得关注的创新空间。

案例2:杭州市西湖区区域经济发展模式。几年前,西湖区财政部门就提出,财政资金必须年年安排对小型科技企业的资金支持(三项科技费用之类),每年的资金使用情况又必须对人大和领导层报告,那么过去每个年度这些钱是怎样花的呢? 实际上是在各种因素制约之下的"撒胡椒面",是"消耗型"的,谁也不可能得到特别明显的重点支持,一些具体安排是靠关系起作用——这时往往也不敢用力过猛,而"撒胡椒面"式给予若干项目以资金支持之后,基本无法跟踪问效——资金撒出去有去无回,又叫"消耗型"。能不能把这种消耗型的财政资金使用机制和公共资源的投入机制,变成循环型? 资金投入以后,财政部门虽不求它增值,但希望它能够流动起来。跟原来的做法与绩效相对比,这是一种升级取向的创新。具体的做法上,是比如财政部门从其资金里拿出两千万元作为股本,和当地一个"商业性信用担保"定位的公司合作,再由这个公司利用其关系网与人脉,去拉其他的民营企业(包括境外的硅谷银行)入股,合成一个标准的、现代企业制度下股权非常清晰的股份制的科技型小企业创新基金。发起这个创新基金的各个主体,是以股权来形成产权纽带,而财政部门非常明确地表示两千万元资金是类似于"金股"的入股,不求分红,但自己可以有一票否决权。财政资金不求分红,实际上使其他的参与者感觉风险水平降低,获益前景加分,使他们参与产业基金的意愿增强了。这个基金是由专业化的团队设计具体的融资产品,包括很多批次的不同名称的产品,有股权型的、债权型的,实际上是运用所谓的"金融工程"工具,对应实际生活需要,设计各种类型的金融产品。这样一种运行机制,很鲜明地体现了以财政为后盾,使资金使用在"雪中送炭"的概念之下形成可持续性。当然,这还需要进一步总结它在实际生活中的利弊得失。其经验特别适合地方层面借鉴。近几年在省一级和市级的很多地方,财政拿出的资金规模很大,但这些资金也只是作为母基金,其运作要领是绝对不允许直接进入项目决策,而是由母基金带出一批子基金,产生投入资金规模的放大效应,而跟上来形成的子基金带有社会众筹的性质,是由非政府主体投入资金,并在投入以后由子基金的专业团队决定挑选哪些具体的支持对象,以贯彻当地的发展战略,支持当地有意识地优化重点项目。

以财政为后盾实施政策融资支持的基本要领

结合案例,于乡村振兴、县镇发展的金融支持方面,可初步总结出在构建政策性金融体系中,以创新发展形成可持续机制促进经济升级发展的要领。主要有以下四个方面。

(一)建立风险共担机制

风险共担是支持机制的基本特征。过去财政所做的一些支持,往往会导致相关风险由财政独担:一旦财政部门明确财政贴息或者政策性信用担保的运行机制,很多相关者便认为这个风险已经由财政部门完全承担起来了。但财政部门单独承担风险是一个不可持续的机制,因为会导致其他主体的所谓"道德风险"——就是自身和风险因素无关,既不讲节约,也不讲效益,就演变成了财政投入的"无底洞",成了一个财政无法向公众透明地报告财政运用纳税人的钱怎样追求绩效的不良局面。大量实践证明,财政与相关的企业、政策性金融机构,以及可以配上支持力量的商业性金融机构等,虽然对相互间风险怎么分担并没有十分呆板的规定,但一定要形成风险共担机制。国际经验里,美国的中小企业署利用财政预算资金为后盾,以贴息和信用担保为主要方式支持小企业的发展,是根据不同阶段不同情况,政府资金承担风险损失部分的比重可以调整。比如世界金融危机发生后,原来所制定的政府分担75%的风险,可以提高到80%或85%,但绝对不提高到100%,一定要把一部分风险因素留给其他伙伴,这样才能防止道德风险。这在西湖区的案例中也非常明显:财政部门出资金形成的这部分股权不求得到分红的回报,但是要求投资项目可持续运行,这方面的风险不是由财政自己一家担起来,而是各出资方需要一起来考虑创业创新中于利益诉求之下怎样在股份制框架中共担风险。

(二)建立阳光化、规范化的支持对象遴选机制

支持机制的第二个特征与要领,是对于小微企业、"三农"、绿色发展等所有需要资金支持而必须纳入政策性支持轨道的这些支持对象,必须阳光化、规范化,并引入专业化的集体决策机制。这其实是承认不可能有一百个申请就满足一百项融资需要,必须从其中筛选出一部分给予支持。西湖区的经验是大家都出钱做股东,各自都有发言权,另外还要请专家和社会贤达一起形成项目遴

选委员会,对每一批的申请项目,都是经过大家讨论,最后实行无记名投票,同时保持财政金股的一票否决权(这种一票否决权也不是随便动用的,要根据国家产业政策和地区发展战略特定的要求,在否决的时候一定要说出其理由),实行的是专家参与的集体决策制。阳光化的决策机制,保证了整个过程的可持续性。

(三)实施有效、持续的多重审计监督

上述融资支持过程显然是在金融领域形成了双轨运行,即政策轨和市场轨,双轨之间关系处理不好,非常容易产生设租寻租。如何限制设租寻租发生的可能性? 十分重要的一条,是需要施加有效的、持续的、多重的审计监督,以及需要继续探索如何实行绩效导向下的约束。这对于中国现时积极推进的供给侧结构性改革中所寻求的"守正出奇",有很大的挑战性:"守正"是遵循市场规律,"出奇"就是在市场规律之上还必须有"政府更好发挥作用"的"有效市场加有限、有为政府"的出奇制胜——出奇而能制胜,就实现了超常规发展,出奇在某些地方不能制胜,就是在试错,必须将其控制在一定范围内。中国现代化真正的希望,是能够在守正出奇的道路上,形成我们所希望的大发展图景。一个个区域和县乡,都是这个大图景里的组成部分。

(四)形成定制化的理性供给管理解决方案

供给侧改革的守正出奇,必须在这方面敢于迎接挑战。前面所说的风险共担、阳光化的集体决策、多重审计监督绩效导向,最后都要以供给侧改革的定制化方案的形式为落脚点,然后在各个

县、各个镇、各个乡村区域实行。形成地方政府辖区内定制化的、符合供给侧结构性改革为主线的理性供给管理解决方案,其难度就在于:需求管理属于总量管理,而供给管理、供给侧结构性改革,就是要应对非常复杂、大量具体的结构化解决方案,努力形成高水平的绩效结果。这是我们必须应对的挑战,也是在乡村振兴和县镇发展中政策性融资怎样才能够适应需要、形成有效供给的一个必然要求给出高水平答卷的问题。

普惠金融需更侧重金融功能的有序释放

张　涛

经济学博士，现任职中国建设银行金融市场部

在四十多年的改革开放进程中，我国金融领域之所以能实现跨越式发展，为经济发展持续助力，与邓小平最初对金融的认识和判断密不可分——"金融很重要，是现代经济的核心。金融搞好了，一着棋活，全盘皆活。"[①]正是这一判断，让金融获得了应有的地位，更让金融成为经济整体市场化进程中推进最快的领域，从而保证金融资源在经济运行中的配置效率得以持续提升。

时至今日，我国的"金融业保持快速发展，金融产品日益丰富，金融服务普惠性增强，金融改革有序推进，金融体系不断完善，人民币国际化和金融双向开放取得新进展，金融监管得到改进，守住不发生系统性金融风险底线的能力增强"[②]。相应地我们对金融

---

①　邓小平：《邓小平文选（第三卷）》，人民出版社 1993 年版，第 366 页。

②　习近平主持中共中央政治局第十三次集体学习并讲话，http://www.gov.cn/xinwen/2019-02/23/content_5367953.htm.

有了进一步认识——"金融是实体经济的血脉,为实体经济服务是金融的天职,是金融的宗旨,是金融立业之本,也是防范金融风险的根本举措。"①由此我们对金融领域发展的侧重点需要做出调整,其中"积极发展普惠金融,大力支持小微企业、'三农'和精准脱贫等经济社会发展薄弱环节,着力解决融资难融资贵问题"②就是调整后的重点之一。然而迄今为止,普惠金融的初衷与尚未形成良性可持续商业模式的现实间依然存在着巨大缺口,如何弥合这一缺口呢?

首先,普惠金融绝不是对现有金融体系的简单扩容。与传统间接和直接融资体系支撑下的金融服务不同,构建在互联网、IT以及手机等移动终端技术支撑下的金融服务最大优势在于,可以让各类金融服务与包括居民在内的各微观主体的金融需求无缝对接,从而革命式地将金融发展由"深耕"阶段推入"细作"阶段,让金融由"普"的量变到"惠"的质变成为可能。目前正在发生的"银行消失""C端突破"等诸多新象,恰恰就是这一转变的生动写照。

其次,普惠金融绝不是财政政策,而一定还是金融政策。例如,扶贫贷款说到底就是财政补贴和社会救助而非金融政策,普惠金融绝不是类似扶贫贷款性质的融资。其间的差别就在于财政和社会救助均属于公共服务层面的范畴,在经济运行中属于对收入

---

① 千方百计构建银企命运共同体,http://www.gov.cn/zhengce/2018-11/09/content_5338589.htm.

② 全国金融工作会议在京召开,http://www.gov.cn/xinwen/2017-07/15/content_5210774.htm.

的二次分配,其背后政府属性很强,因此也不是按照市场规律来定价的。金融在经济运行中位于流通领域,普惠金融同样如此,即金融功能发挥的基础是市场对资源配置要起到决定作用,针对市场失灵,政府不应被看作可以直接解决失灵问题的外在力量,政府机制也不是直接引进解决市场失灵的替代机制,政府真正的作用是引导、帮助和增加市场主体化解市场失灵的能力。所以,普惠金融绝不是扶贫贷款的新形式,绝不是财政补贴和社会救助的新手段,也绝不是政府以金融之名行财政之责,否则,普惠金融最终还将出现"金融吃饭,财政买单"的恶性循环。

第三,普惠金融需更侧重金融功能的有序释放。目前,普惠金融不仅被各类金融机构列为新"蓝海",更被 BTAJ(百度、腾讯、阿里巴巴、京东)等互联网行业公司视作战略制高点,它们之间的结合度也正以惊人的速度提升,而二维码、App、移动支付等新体验已经与我们的实际金融需求分不开了,这些变化无疑是新发展理念带给我们的惊喜。与此同时,一些发生在金融领域的"意外"也给我们带来了烦恼,尤其像 e 租宝金融乱象和 P2P 网贷诈骗等事件已在社会上造成十分恶劣的影响。对此,我们必须认真反思,伴随技术手段的突飞猛进,一方面进入金融领域的门槛大幅降低,另一方面金融服务与需求的对接面更为广泛,金融带来的改变就像一枚硬币的两面,金融乱象的危害不容小觑。

一般意义而言,金融乱象之所以出现,无外乎就是金融监管缺失下的金融无序所致,而从我们的经验所见,金融创新一段时间后往往就伴随着金融乱象的发生。因为包括服务、手段、产品在内的金融创新,本质上均是金融功能的释放,也正是由于金融功能的释放,带来金融资源配置效率的提升,但金融资源配置背后的利益往往刺激金融功能释放的无序化,而金融功能一旦开始无序释放,那么其造成的危害必将是金融资源错配危害的数倍。如 P2P 由信息中心异化为信用中心,就是金融功能无序释放的典型案例。因此,与金融服务和金融资源配置普惠化相比,普惠金融更需侧重金融功能的有序释放。

第四,提供普惠金融服务的门槛不能太低。虽然普惠金融的发展得益于技术手段的有力支撑,而以此为基础,包括支付、清算、汇兑等在内的金融功能让金融服务脱胎换骨,也才让"口袋金融服务"成为可能。但由此带来的一个重要问题是,在现代经济中,社会平稳运行的一个刚性保证就是金融服务网络的安全运营,这也是近年"系统性金融机构"理念快速落地的重要原因,即金融机构因经营不善造成的破产与其维持金融服务功能之间需要建立隔离墙,不然就必然带来"大而不能倒"的道德风险。目前,除金融机构之外,社会上金融服务网络的提供者还包括像 BTAJ 这样的非金融公司,那么,它们是否可以凭借技术优势无障碍地进出金融领域呢? 如果可以,又该如何防控其潜在的道德风险呢? 这个问题需尽早理清楚,否则,在技术手段快速发展的掩盖下,普惠金融不仅不能"金碧辉煌",反而可能是"一地鸡毛"。

求解金融服务"绕道"问题

张 斌

中国社会科学院世界经济与政治研究所研究员

供求失衡与金融服务绕道

中国近年来"影子银行"业务、银行同业业务快速扩张,金融体系风险提升。非金融企业杠杆率大幅提高,企业抱怨融资难和融资贵,金融业增加值占 GDP 比重持续快速提高并远远超出了发达国家水平。这些现象都与金融服务的供求不匹配有关。一方面是中国经济工业化高峰期之后的经济结构转型带来了快速的金融服务需求变化,另一方面是金融服务的供给不能跟上。供求匹配的金融服务"大路走不通",实体部门和金融中介只能通过绕道的方式满足新的需求变化。

家庭部门投资在绕道,企业和政府融资也在绕道,商业银行和非银行金融机构则是寻找绕道的办法。金融服务中介的绕道业务是在金融中介之间以及金融中介和实体经济部门之间建立更复杂的债权债务关系。金融中介从中获得了较高的利润增长同时也承担了高风险,实体经济部门则为此付出更高的融资成本和更高的债务杠杆率。

房地产成为家庭养老和保险的替代金融投资工具。从国际经验中我们看到,随着居民部门金融财富水平的提高,财富的配置方式也会发生变化。中国也不例外。中国居民部门快速增长的金融财富不再满足于低风险/低收益的银行存款方式。在更高的金融资产水平上,居民部门愿意持有更高风险/高收益组合的金融投资产品,以及长期、带有养老和保险功能的金融投资产品,但是他们对这些金融服务的需求得不到满足,于是将对金融资产的需求转向房地产投资。房地产替代金融资产成为高风险/高收益金融投资产品,或者养老和保障金融投资产品的替代投资工具。2016年11月小牛资本联合中国家庭金融调查与研究中心发布的《中国家庭金融资产配置风险报告》显示,房地产在中国家庭资产的占比达到六成以上。与此形成对比,美国家庭的房地产在全部家庭资产中的占比只有中国家庭的一半。

对房地产旺盛的投资需求同时也支撑了高房价、房地产行业的快速发展以及房地产部门的庞大融资需求。每当政府为房价过高而采取对房地产信贷的遏制政策,房地产部门就不得不借助于"影子银行"业务得到贷款。房地产行业一直以来是金融服务中绕道业务的重要客户,为中国的"影子银行"业务发展提供了温床。

企业融资工具的不匹配加剧了企业融资难和融资贵。企业投资过度依赖以银行贷款为代表的债务融资工具,权益类融资发展滞后,这使得中国企业债务保持在较高水平。这种情况如果放在工业化高峰期以前,问题还不严重。工业化高峰期以前发展阶段的劳动/资本密集型制造业正处于快速扩张期,利润增长有保障,对于银行而言也有相对充足的抵押品做保障。但是出现在工业化高峰期以后,情况将大大不同。

传统企业面临结构转型的生死存亡挑战,银行对企业发展前景缺乏信心,对厂房设备这些抵押品的价值评估动摇,企业从银行获取贷款更加困难,为了获取资金就不得不付出更高成本。新企业/新业务往往是进入缺少抵押品且高风险的经营活动,银行的传统贷款业务很难评估这些经营活动涉及的风险因而也很难提供贷款,权益类融资因为总体发展规模有限也难以对新企业/新业务发展提供充分的支持。企业融资需求在传统银行贷款模式和权益融资模式中双双受阻,部分融资需求只好借助于更复杂的、银行与非银行金融机构合作的金融绕道服务。企业要为这些金融绕道服务提供更高的融资成本。

政府融资工具不匹配抬升了政府债务成本。政府融资工具不匹配主要体现在两个方面。一是债券融资工具不充分。中国经济仍需要进一步推进城市化进程,需要相关的大量基础设施建设,这些基础设施建设需要低成本、长周期的债务融资工具。政府凭借其信用优势,融资成本本应该可以更低。然而,政府没有充分利用其信用优势降低融资成本(地方政府债务当中40%来自地方融资平台债、“影子银行”贷款以及信托和其他非银行金融机构贷款这些高成本的中短期融资工具),而是借助于更复杂的金融中介获取更高成本、更短期限的融资工具,这不仅增加了融资成本,也降低了债权债务关系的透明度,加剧了金融风险。二是权益类融资工具不充足。对于一些政府支持并且有较高收益的建设项目,可以通过权益融资方式吸引社会公众投资,有效降低融资成本和政府债务水平。中国近年来在推进的公私合营模式是对权益融资方式的尝试,但实质进展有限。根据国际货币基金组织关于中国经济发展与政策的 2017 年年度调研报告,大多数公私合营项目集中在传统的公共基础设施领域(80％以上),公私合营的合作方通常由政府控制(纯私人合作方仅占投资的 30％左右)。合作方的范围包括政策性银行、政府基金、私人资本和其他国有实体,如中央和地方国有企业,甚至是地方融资平台。2016 年年底,公私合营项目的资本值达 GDP 的 27％,实施部分不足 20％。

金融服务绕道加剧金融风险。受制于多种因素,满足居民部门金融资产配置需要的并非高于银行存款、同时有着更高风险和收益配比以及具有养老保险功能的金融产品,而是利率稍高、刚性兑付的短期理财产品;满足企业高风险活动融资需求的权益融资有限,大量融资还要来自传统银行贷款和"影子银行"业务;满足政府主导基建项目融资需求的低成本、长期债务融资和权益融资工具有限,大量融资也要来自传统银行贷款和"影子银行"业务。理财产品、"影子银行"表外业务和同业业务,以及非银行金融机构形成的金融服务绕道,本质上还是建立银行、作为通道的非银金融机构以及企业之间的债权和债务关系,并不能有效地把企业和政府经营活动风险分散到居民部门,风险继续集中在金融中介。不仅如此,金融服务绕道透明度低且监管不完备,一些金融中介通过放大杠杆率和加大期限结构错配获取更高利润,加剧了金融系统风险。

中国金融部门增加值在 GDP 中的占比持续上升,2016 年达到 8.2%,远远超过美国、欧洲等金融市场更加发达的国家和地区。金融部门增加值的主要来源是银行,增加值中的重要组成部分是银行利润。银行利润当中,上升边际贡献最大的是中间业务收入。2008—2016 年,中国银行、中国农业银行、中国工商银行、中国建设银行、中国交通银行、浦发银行、招商银行、兴业银行 8 家银行中间业务收入在营业收入中的占比从不足 14% 上升到 21%。大量中间业务对应着金融绕道现象,企业要为更复杂的融资通道付出更高的融资成本。

金融补短板

金融供求失衡局面的长期持续,金融绕道现象的盛行,说明金融决策部门和相关宏观经济决策部门在政策调整方面滞后于现实发展的需要,决策机制亟待改革。改革的主要内容是把目标明确、责权匹配的专业化决策机制落在实处。

要避免多重目标,避免不合理和不匹配的目标。监管机构不能把经济增长、股票指数高低作为目标,货币当局不能把资源配置效率作为目标。目标尽可能的单一,管理当中的合理分工和专业化决策,也会有利于实现目标。责权匹配落在实处,一是上级对下级有足够的授权,对下级单位授权范围以内的工作不能干预;二是建立明确、专业的问责机制。专业化的决策机制还需要专业化的人才,除了决策部门自身的人才培养计划,还需要吸引国内外市场、学术界和国际组织等各方面的人才加入决策部门并能够让他们充分发挥作用。

金融补短板需要在金融产品和市场、金融中介以及金融基础设施方面做出大的调整，需要大量的改革措施和长时间的市场培育，所涉及的也不仅是金融领域。以下重点讨论当前比较迫切的金融补短板内容。

第一，推动以 REITs 为代表，能带来现金流的长周期、标准化的基础金融资产。REITs 全称为不动产投资信托基金（real estate investment trust），是通过发行信托收益凭证汇集资金，交由专业投资机构进行不动产投资经营管理，并将投资收益按比例分配给投资者的一种信托基金。可以用于发行 REITs 的资产包括租赁房、工业园区、基础设施、度假公寓、办公楼、仓储中心、商场等所有能够产生长期、稳定现金流的不动产和基础设施。REITs 有多种类型，国际上的主导类型是权益型 REITs，类似股票。

REITs 为居民部门提供中长期金融投资工具，为企业和政府的不动产投资找到权益型融资工具，降低企业和政府杠杆率，降低金融中介风险，是同时解决居民、企业和政府金融服务供求失衡的有效金融工具。不仅如此，无论是存量不动产还是新建不动产，借助 REITs 可以改善对不动产管理的激励机制，把不动产交给更专业的管理者，提高对不动产管理的质量和收益水平，实现更好的资源配置。

REITs 有着广阔的发展空间。美国 REITs 与 GDP 之比在 6.7% 左右，如果中国也能发展到类似规模，对应的是超过 5 万亿元的市场规模，等同于中国股票市场建立以来的融资规模。2017 年 11 月北京大学光华管理学院"光华思想力"REITs 课题组在发布的《中国不动产投资信托基金市场规模研究》中指出,中国公募REITs的规模可以达到 4 万亿~12 万亿元人民币。此外,REITs主要是对接不动产项目,而中国固定资产投资当中 70％是建筑安装类投资,远高于美国和其他发达国家,这种投资模式意味着REITs 在中国有更大的发展潜力。

推动 REITs 发展需要两方面的政策支持。一是税收政策支持。按照国际惯例,REITs 将经营应税所得 90％以上分配给投资者时,免征企业所得税;REITs 经营中包含物业出租的,免征房产税;REITs 发行过程中需新增缴纳的土地增值税、企业所得税、契税递延至转让给第三方时进行税务处理。二是金融政策支持。为REITs 设立单独备案通道,制定相应审核、发行规定;对租赁经营管理情况良好、市场认可的项目,允许发行无偿还(赎回)期限、无增信措施的产品;允许公募发行;允许公募基金投资 REITs 产品。

第二,推动税收优惠的个人养老金账户发展。从国际比较来看,中国家庭部门金融资产中的养老保险类资产不仅规模太小,且养老保险资产规模中的配置比例也非常畸形。现有的养老保险类资产中主要来自社会统筹账户建立的公共养老金,企业年金和职业年金规模很小,个人养老金更小。从国际经验来看带有税收优惠的个人养老金账户有三个特点:一是税收递延优惠,二是属于个人账户,三是拥有个人投资选择权。个人养老金是养老体系的重要组成部分,在中国也有巨大发展空间。

个人养老金账户发展满足了家庭部门对养老保险金融资产的需求增长,有助于减少对房地产的投资性需求,也为实体经济部门发展提供了长期资金。此外,从国际经验来看,养老金多关注于中长期投资,投资风格相对稳健,是资本市场发展的支柱力量,有助于减少资本市场短期剧烈波动。

推动个人养老金账户同样需要税收政策的调整,以鼓励个人对养老金的和金融政策支持。国际上对个人养老账户普遍采取税收递延优惠,我国目前对企业年金和职业年金有税收递延优惠而对个人养老账户没有类似安排。金融市场要提供有更多选择余地、期限结构较长的基础金融资产以及长周期资产配置和风险管理,开发满足不同人群生命周期需求的专业养老金管理机构。

第三,提高地方政府债务限额,提高国债和地方政府债在政府总债务中的占比,拓宽和规范基础设施建设融资渠道。我国经过几年的地方债务置换,国债和地方政府债券在全部政府债务中的占比显著上升,但与发达国家相比依然过低,地方债务利息成本仍有进一步下降空间。考虑到各级政府出于弥补政府公共服务缺口和推进中国的城市化的需要,未来仍面临着规模庞大的融资需求,需要尽可能地使用低成本的国债和地方政府债满足这些融资需求,避免地方政府利用复杂的通道业务获取高成本、期限错配的资金。通过建设项目专项债、基础设施项目 PPP 和 REITs 等多种方式拓宽基础设施融资渠道,不仅降低了基础设施建设的债务成本,也利用市场力量对项目形成了评估和监督。

第四辑

去杠杆与稳增长

结构转型视角下的去杠杆与稳增长

张　斌

中国社会科学院世界经济与政治研究所研究员

关于杠杆率的研究

国内外关于杠杆率的研究已经很多。我们逐渐搞清楚了各部门的杠杆率,搞清楚了哪个部门的杠杆率最难以持续,但是对于杠杆率上升的成因分析还很不够。

过去十余年,总杠杆率快速上升,有数据显示,债务占 GDP 的比重从 2007 年末的 145% 上升至 2017 年的 255%。杠杆率的部门分解为:政府部门债务 38.8 万亿元,杠杆率为 47%;居民部门债务 39.9 万亿元,杠杆率为 48%;企业部门债务 132.3 万亿元,杠杆率为 160%。偿债能力最难以保障的是部分地方融资平台和国企债务。这些机构的债务增长很快,而利息保障倍数低。有很多项目不盈利,是靠着借新还旧度日。

对杠杆率上升原因的解释有以下几点:第一,中国高储蓄支撑的投资导向增长模式。第二,2008年后实施的过度刺激政策。第三,地方政府预算软约束,"影子银行"贷款滥放。第四,投资效率快速下降,边际资本产出比快速上升。第五,GDP平减指数过低。

以上这些现象在过去三四十年一直存在,以前储蓄率高于现在,中央政府也多次采取了刺激政策,并且近几年银行的约束力更强了,地方政府预算软约束也不是过去十年才有。但这些解释存在两个问题:首先,老答案不能回答新问题;其次,大部分对杠杆率的研究不管是从部门进行分解、对分子分母分解或采用其他方式分解,都基本还是停留在分解的层面,没有用动态的互动的框架去认识,缺少变量之间相互反馈机制的讨论。

我们的研究工作主要从以下三个方面展开:一是研究在经济结构转型背景下杠杆率与经济增长的分析框架;二是讨论如何评估杠杆率与经济增长之间的选择;三是给出政策启示。

杠杆率与经济增长的分析框架

从国际经验来看,当经济结构发生转型、经济增长下台阶的时候,日本和韩国杠杆率都经历了快速上升阶段。经济结构转型有严格的定义,即经济活动从工业部门向服务业部门转移。日本经济结构转型期在20世纪70年代初期左右,韩国在20世纪90年代,而它们在转型期都出现过杠杆率的快速上升现象。

那么,中国的杠杆率上升是否也与结构转型有关?可以从以下几个事实进行判断。

第一个事实是,从增加值占比、就业占比、消费占比等多个维

度看,中国正在经历从制造业到服务业的经济结构转型。在
2010—2012 年左右,中国经济活动开始向服务业转移,中国结构
转型的轨迹与高收入国家完全一致,都是人均收入达到 8000～
9000 国际元,工业部门增加值在 GDP 占比峰值达到 40% 左右。
进入经济结构转型期以后,需求结构发生变化,工业品增长越来越
落后于可支配收入增长。

第二个事实是,居民需求转向服务业,但是服务业部门供给增
长受到各种限制。首先,服务业的增长需要较多的人力资本,越是
高端的服务业对人力资本要求越高,而短期内人力资本不可能快
速增长。其次,服务业被过度管制。与制造业不同,服务业具有供
求双方严格信息不对称的特点,在供求双方信任度低的情况下,许
多服务业本身管制需求就高,再加上政府的"父爱式"管制,导致管
制过多。过度的管制则进一步限制了服务业的发展。再次,政府
提供公共服务的不足。很多人力资本要求较多的服务业由政府提
供,但过去政府重心在发展经济,公共服务供给不足。最后,土地
等要素市场缺乏供给弹性,抬高了服务业发展成本。

第三个事实是,服务业需求的增长与服务业价格上升之间存
在脱节。首先,服务业相较制造业存在更多的价格管制。其次,服
务业具有独特的属性。例如,获得更好教育服务的途径是购买靠
近教育服务区的住房,所以对服务的需求增长未必反映在服务价
格本身的增长上,而是反映在房价上涨的。

在以上三个事实背景下,我们举例分析经济结构转型与杠杆
率之间的关系。

假定在结构转型之前,对制造业和服务业分别供给 100 个单

位,对制造业、服务业的需求/购买力/债务也都是100(购买力全部来自债务),转型之前所有的指标都是平衡的,均衡产出为200,债务率是100%。

达到一定收入水平后,开始发生结构转型。

第一种情景,转型之后不增加债务。还是200的购买力,但是对制造业和服务业产品的需求偏好发生变化,只用1/4购买制造业商品,用3/4购买服务。在这种情况下,制造业供给为100,但是需求只有50,均衡产出为50。服务业需求为150,但供给为100,均衡产出也只能是100。一方面是因为虽然服务业需求增加,但是没有增加供给;另一方面,需求增加未反映在服务本身价格上涨上,而是附着服务的房价的上涨。此时,总均衡产出从200下降到150,但债务率从100%上升到133%。这说明在其他条件不变的情况下,只是需求结构变化,供给端又存在限制,杠杆率将会上升,房价情况不确定,因为存在两种效应:一是全社会总的购买力下降,不利于房价上涨;二是对服务业需求的支出会转移到房子上,导致房价上涨。

第二种情景,转型后没有产能过剩压力。为了满足制造业供求平衡,必须要让债务增加到2倍,从200变成400,这样对制造业产品的需求才能达到总需求的1/4,即100单位。此时,均衡产出不下降,但是债务率要翻倍,并且由于对服务业需求大量提升,房价剧烈上涨。

第三种情景,转型之后,没有债务率增长。如果杠杆率稳定,均衡产出会剧烈下降,总社会购买力下降,房价就会下降。

杠杆率与经济增长之间的选择

杠杆率与经济增长之间的选择,要从如何看待杠杆率上升的好坏入手。宏观政策效果要从稳定、效率两个维度进行判断,对杠杆率的评判也是如此。

首先,在稳定方面,一方面看资源是否被充分利用,尤其是就业水平;另一方面看资源是否被过度透支,这会加剧金融风险。

从资源利用的角度看,高杠杆率的情况下,均衡产出高、就业高,利润和投资者信心就会较高,但是低杠杆的情况下产出远远低于潜在产出水平,并且就业水平较低(见表4-1)。

表 4-1　杠杆率与资源利用关系

	就业	利润和投资者信心	产出
高杠杆率	高	高	高
低杠杆率	低	低	低

从金融风险的角度看,杠杆率高低与金融风险的关系并不确定。举个例子,一个国家的杠杆率是200%,真实利率是10%,另一个国家,杠杆率只有100%但真实利率可能是30%,哪个国家金融风险更高呢? 从利息保障倍数的角度看,杠杆率虽然很高,如果真实利率很低,未必比低利率的经济体更危险。在资源没有被充分利用的情况下,抬升杠杆率能够刺激需求,价格会回升,如果保持名义利率不变,真实利率就会下降。真实利率下降与杠杆率上升结合在一起金融风险未必会更高(见表4-2)。所以仅从杠杆率

数字本身来判断金融风险是不合适的,从国际经验和理论探讨来看也没有明确的答案。

表 4-2　杠杆率与金融风险

	债务/收入	债务成本	资产价格	综合评价
高杠杆率	高	?	高	不确定
低杠杆率	低	?	低	不确定

其次,在资源配置效率方面,在高杠杆率的情况下,过度配置制造业,其实是放慢了制造业产品退出市场的节奏;但是在低杠杆率的情况下,由于资源没有得到充分利用,制造业的配置不足,本来应该有的制造业需求也因为总购买力不足而受到抑制。

综合以上分析,可以得出以下结论。第一,结构转型期间,供求匹配失衡加剧,要面临杠杆率与经济增长二者的选择。服务业供给弹性越差,供给扭曲越严重,为了保持经济增长的杠杆率上升压力越大。第二,杠杆率与金融风险之间的关系模糊,起码不是线性关系。有时提高杠杆率会降低风险,而有时会增加风险。第三,杠杆率与资源配置失衡的关系模糊,降低杠杆率,资源配置失衡情况不一定好转。

政策启示

从短期来看,第一,在政策目标方面,传统的物价、就业目标依然适用,关注系统性风险也是有必要的,但是不适合将杠杆率作为政策目标。因为最优的杠杆率水平没有一个确切的数字,并且在不

同的发展阶段合意的杠杆率也在发生变化。**第二,在政策手段方面,要采用积极的财政政策和中性的货币政策,这样才能减少杠杆率与资产价格上升的压力。**第三,要主要依靠投融资体制改革化解系统性金融风险,在处理"影子银行"业务的同时,加快推出新型融资工具。

从长期来看,去杠杆是个左右摇摆的两难问题,不值得过度关注。只有有效地改善服务业供给,才能最终解决结构不平衡的问题,才能真正解决杠杆率和经济增长的两难选择问题。**改善服务业供给需要改革,改革的重点内容是开放服务业和要素市场,涉及对现有政府职能、各种管制政策以及事业单位的重大调整。**考虑到对服务业的改革异常艰难,需要突出重点改革领域。

去杠杆和金融创新的风险防范

黄奇帆

原重庆市市长

关于宏观经济去杠杆

2018 年以来,习近平总书记对当前中国经济去杠杆多次做出重要指示,要求把去杠杆、防风险的工作作为 2018 年三大关键性的重点任务之一,以结构性去杠杆为基本思路,分部门、分债务类型提出不同要求,地方政府和企业特别是国有企业要尽快把杠杆率降下来。目前,我国的宏观杠杆率确实比较高,具体有四个指标可以衡量:

一是 M2。2017 年,中国 M2 已经达到 170 万亿元,我国 GDP 是 82 万亿元,占比已经达到 2.1∶1。相比而言,美国的 M2 跟 GDP 比是 0.9∶1,现在 M2 大约是 18 万亿美元。所以,这个指标显然是非常非常高。

二是金融业增加值占 GDP 比重。2005 年,我国金融业增加值占 GDP 比重只有 4％,之后迅速上升,2016 年年底是 8.4％,2017 年年底是 7.9％。从全球看,全球金融业增加值占 GDP 的 4％左右。我国这一比重,已超过美国、英国、德国、日本等主要经济发达国家。在西方,金融业比重过高往往意味着经济危机的到来。比如,日本 1990 年达到高点 6.9％,随后经济危机爆发,步入"失去的二十年"。2001 年美国金融业比重达到高点 7.7％,之后互联网泡沫破灭,2006 年达到 7.6％,之后次贷危机发生。

三是宏观经济杠杆率。2017 年,包括政府的债务、居民的债务和非金融企业的债务加在一起差不多是 GDP 的 250％,在世界上处在较高的位置。在这三大部门的债务杠杆之中,2017 年年底政府的总债务是 37 万亿人民币左右,占 GDP 的 47％左右。居民的债务,过去几年增长得比较快,2017 年占 GDP 比重是 45％左右。非金融企业的债务,2017 年占 GDP 的 160％左右。美国、日本、英国的比重也比较高,意大利等欧盟国家中财政比较差的国家也异常高。即使这样,我国也排在世界前列。

四是全社会新增融资中的债务率。每年的全社会新增融资量,十年前是五六万亿元,五年前是 10 万～12 万亿元,2017 年全社会新增的融资是 18 万亿元。在新增融资中,股权性质只占总的融资量的 10％,90％是债权。可以想象,如果每年新增的融资总是 90％是债权,10％是股权的话,十年后我国的债务肯定不是缩小,只会越来越高。

从这四个指标来看,中央提出宏观经济去杠杆、防风险,不是无的放矢,是抓住了中国国民经济发展的要害。纵观过去全球 100 年各西方主要国家去杠杆的经验和教训,去杠杆主要有三种方法：

一是过度紧缩型的去杠杆。这是非常糟糕的去杠杆方式，去杠杆当然会带来金融紧缩，但措施不当，金融过度紧缩，会造成极其严重的经济萧条、企业倒闭、金融坏账、经济崩盘等局面。

二是严重通胀型去杠杆。通货膨胀也能去杠杆。通过加货币去杠杆，坏账通过发货币稀释掉了，这种通货膨胀把坏账转嫁给居民，如果过于严重，会带来剧烈的经济危机、社会震荡。

三是良性的去杠杆。虽然经济受到了一定的抑制，但还是健康向上的，产业结构、企业结构调整趋好，既降低了宏观经济的高杠杆，又避免了经济萧条，保持了经济平稳发展。良性的宏观经济去杠杆，要从宏观上形成去杠杆的目标体系和结构。假如我国国民经济宏观杠杆目标下降50个点，杠杆率维持在200％左右比较好，那么，财政、居民和企业三方面是平均降，还是突出降企业特别是国有企业这一块？这是一个定量定性的宏观目标，操作上既不能一刀切地想两三年解决，这容易造成糟糕型的通缩去杠杆，也不能用一种办法孤注一掷，应该多元化去杠杆。

从宏观上看，至少可以用五种办法一起着力：

一是核销破产。如果现在130万亿元企业债务中有5％是破产关闭的企业造成的，那就该有6万多亿元的坏账核销。这对企业来说是破产关闭，对银行来说是坏账核销，宏观上说是债务减免。

二是收购重组。这可以实现资源的优化配置。在这个过程中，企业没有破产，但是会有一些债务豁免。比如，2000年前后的国有企业改革，实施了1.3万亿元的债转股、债务剥离，当时的债转股重组对活下来的企业约减免了 5000 多亿元的债务。如果现在我国 130 万亿元企业债务有 10％需要通过债转股收购兼并等资产管理手段重组，那也会有 6 万多亿元债务减免。

三是提高股权融资比重。如果全社会融资中股权融资比例提高到 50％，那么一年就增加 8 万亿元、10 万亿元的股权，这样企业债务三五年相当于会减少三四十万亿元，一年 10 万亿元的话，三年就是 30 万亿元。

四是调整物价指数。通货膨胀是客观存在的，就算每年保持 2％～3％的增长，五年也有 10 个点的债务会被稀释掉。

五是平稳调控 M2 增长率。每年 M2 增长率应该约等于当年 GDP 增长率加上通货膨胀率。如果 GDP 增长率是 6.5％，通货膨胀率 2.5％，加在一起是 9％，再加一个平减系数。在通胀时期平减系数逆周期调控减 1 个点，通缩时期加 1 个点。总之，M2 的增长率要平稳，既不能像前几年 15％、16％的增长率，也不能为去杠杆骤然把增长率降到 5％、6％。

关于金融产品创新的风险防范和去杠杆

一般来说，金融企业的创新可分为三类：一是因经济发展需要、围绕实体经济的问题导向而出现的业务模式创新，比如近几年因互联网发展而出现并纳入监管部门牌照管理的第三方支付、网信银行、消费金融等业务模式；二是因技术进步、金融科技发展而形成的服务方式创新，比如支付宝、微信支付等支付方式的创新；三是为追求利润、提高杠杆而进行的金融产品创新。在金融监管中,最需要防范的就是金融产品创新这一方面,因为金融产品创新往往是通过多种金融产品和工具叠加,抬高杠杆,以获取丰厚利润的代名词。

银行、信托、保险等各类金融企业按牌照功能各管各的与企业做业务是一种常规做法,但是如果一个金融企业将多种牌照的通道业务叠加,嵌套成一个出口与企业形成融资、投资的接口关系,往往就是产品创新。通常商业银行的理财业务、"影子银行"的资管业务包含着大量的这类产品创新。"影子银行"的基本运行方式就是从短期的、利率较低的资金市场获得融资,然后投资到期限较长、利率较高、风险也较高的金融产品中。商业银行的资金通过表外理财业务或同业拆借市场转移到"影子银行",成为这些金融产品的基础资产。在这个过程中,"影子银行"的高杠杆性放大了金融风险,不透明性产生了金融风险,与商业银行的关联性传递了金融风险。

因此,金融产品创新与金融业特别是与商业银行理财业务、影子银行、资管业务是相伴相生的关系,但任何金融工具的使用都需要把握一个"度"。从横向看,我国形成了银行、债券、保险、小贷、保理、担保以及私募股权基金、货币市场基金、债券保险基金等十七八个金融品种、业务、牌照。从纵向看,一般来说,金融机构在创新过程中设计的任何金融产品在吸收资金和投放资金时往往采用高息揽储、刚性兑付、资金池、期限错配、多通道叠加、多抽屉协议嵌套"六种组合器",即为了吸引资金而大量使用高息理财和高息揽储以获得高回报诱惑,为了增加信用给予投资者刚性兑付,为了沉淀资金建立资金池,为了提高资金投放效益则大量使用期限错配、多通道叠加、多抽屉协议嵌套等手段,这六种手段事实上会使金融系统杠杆累积、透明度降低,在顺周期时产品效益大幅叠加增长,在逆周期时产品亏损也是大幅叠加增长。

总之,在"影子银行"的理财业务、资管业务开展过程中,横坐标上武器库中有"十八般武器",纵坐标上连接工具有"六种组合器"。把"十八般武器"与"六种组合器"以不同的组合形式结合在一起,就是金融产品创新的过程。如果组合得好,信用、杠杆、风险控制在一定的边界内,既表现为合理的杠杆比,又表现为有信用,那就是成功的创新。如果组合得不好,就是伪创新、乱创新。

在金融实践中,主要有几类情况要防范:

第一种,高息理财、揽储和刚性兑付。比如万能险是一种理财性质的保险品种,利息一般比同期存款利息高 50％ 左右,高息理财是它的基本逻辑。因为有较高的利息、较高的回报率,大家才会来投。但没有刚性兑付的高利息、高收益是无法吸引投资人的,如果资金给了机构,到时候机构连本都还不了,怎么办? 所以,刚性兑付是一切吸引社会人群集资、融资行为发生的直接动力,没有刚性兑付的信用,高息揽储对人群的吸引力也会丧失。为什么我们敢把钱放到银行? 因为它是刚性总付,不会坏账。为什么万能险有风险,老百姓还是敢买? 因为万能险都是通过银行理财系统卖出来的,大家误认为这是银行出来的不会坏账。如果哪一天真要打破了这种刚兑概念,那投资者就要考虑风险了。

第二种,多通道叠加、多层次嵌套。比如高现价万能险,本来自身杠杆就很高,为了进一步扩大杠杆,再向银行借贷,将自己的理财险转化为私募基金,形式上成了股权资本,遮蔽了这部分资金的杠杆特性、短期特性，与银行资金嵌套并采用"优先、劣后"的抽屉协议，让银行很放心。因此，部分保险公司就利用保费收入，形成银行理财嵌套私募基金的组合，积极配置股票甚至举牌上市公司。这些年，屡现国内中小保险公司收购上市公司的"蛇吞象"行为，基本上都是通过万能险加杠杆实现的。几个环节叠加起来，杠杆层层叠加，风险也成倍增加。

第三种，资金池错配。当资金池里有多种渠道来的钱，有的是一年期要还，有的是两年期要还，而贷款出去的钱往往要三五年、十年才有效益，才有分红，才有现金流，这时候如果用后面筹来的钱还前面的钱的话，这个资金池是很有用的。但如果资金池被过度使用，全都变成期限错配的资金池，就会出现流动性风险。比如高现价万能险，保单期限往往 1～3 年不等，但如果过度用于举牌上市公司而不能实现资金从股市的自由退出，当迎来满期给付及退保高峰时，如果后续保费跟不上，期限错配就会引发大的流动性风险。

第四种，创新中的底线监管。作为金融监管，需要设立禁区，避免各类金融工具的过度使用，明确规定不可逾越的"底线"。比如，"影子银行"当然可以建资金池，但资金池投放资金时的期限错配比例，一般不能超过 20％，绝对不能超过 30％。如果超过了甚至达到 100％，那就会演变成"庞氏骗局"。又如，理财业务、资管业务金融产品利息当然会比基准利率高，但不能超过利率上限，通道业务一般会收取 0.5％～1.5％的通道费，看似不高，但如果四五个通道叠加，就会演变成高利息的金融产品，所以应该明确规定叠加通道不能超过两个。还如，抽屉嵌套业务也当然可以做，但只能是一两层的嵌套,决不允许三层以上的嵌套行为。这样做,至少底线是清晰的。

最后,也是最关键、最重要的事,就是防止高杠杆叠加造成的高风险积聚。在企业和金融机构融资配资过程中,一定要防止每个环节杠杆比虽然合规,但多嵌套、多通道、多环节叠加成高杠杆的畸形状况。这就应实行表内表外穿透监管。只要是一个企业、一个项目融资,就应把各环节各通道的杠杆比打通算账。比如,如果小贷公司的资本融资比是 1∶2.3,形成的贷款做 ABS① 如果可以反复循环 10 次、20 次,就会形成几十倍的杠杆比,证券交易所就应对此设立循环次数,比方说不得超过三或四次,两项叠加,整体融资总量的资本充足率应约束在 1∶10 以内,从而实现风险大体可控、市场也能搞活的局面。

总之,只要按照中央要求,切实把握好金融去杠杆的政策节奏和力度,分类施策,根据不同领域、不同市场金融风险情况,采取差异化、有针对性的办法,就一定能够打赢金融去杠杆的攻坚战。

---

①　资产证券化,指以基础资产(特定资产组合或特定现金流)为支持,以类似债券的形式发放形成的一种可交易证券。

金融杠杆的魔力与有效把控

王永利

中国国际期货公司总裁

始于 2016 年的去杠杆、严监管、防风险，在前期取得了一定成绩；但于 2018 年进一步加码之后，由于种种原因，政策上的紧缩势能被释放，社会流动性陡然收紧，结构性矛盾尤为尖锐，去杠杆与稳增长乃至保稳定的矛盾异常尖锐。为此，2018 年下半年宏观政策做出重大调整，各地区、各部门、各金融机构甚至竞相出台支持民营企业的政策，这实际上推动结构性加杠杆的态势，引发了社会广泛的关注和担忧。

如何准确把握和有效控制杠杆率，防止"一放就乱、一收就死"的恶性循环仍是当前非常突出的问题。

缘何"按下葫芦浮起瓢"？从现象到本质，复盘去杠杆之始末，以及剖析本外币债务对危机之影响的差异性，我们试图去寻找金融杠杆"稳中求降"的那把钥匙。

"去杠杆"之变

这一天,来得有些措手不及——2018 年去杠杆出现重大调整。

2015 年 12 月,中央经济工作会议提出"三去一降一补"供给侧结构性改革的五大重点任务,其中之一就是去杠杆。2017 年 7 月,国家领导人提出要坚决打好防范化解重大风险、精准脱贫、污染防治的攻坚战,坚定不移深化供给侧结构性改革。2017 年 12 月,中央经济工作会议进一步明确,要"确保重大风险防范化解取得明显进展,加大精准脱贫力度,务求污染防治取得更大成效"。

在这一过程中,去杠杆的力度不断加大,从非金融领域去杠杆逐步延伸到金融领域去杠杆、严监管,资管新规、房地产融资控制等政策陆续出台。2018 年金融监管全面收紧,社融规模持续萎缩,信托贷款、委托贷款等金额大幅下降。但由于缺乏统筹协调,各部门共同发力,又使得社会流动性资金规模陡然收缩,加之美国发起主要针对中国的贸易战,外部环境发生明显变化,使得经济运行,特别是民营企业经营遭遇困境,股市价格大幅下行,人民币汇率波动较大。

为此,2018 年 7 月的中央政治局会议明确提出:要把好货币供给总闸门,保持流动性合理充裕;要做好稳就业、稳金融、稳外贸、稳外资、稳投资、稳预期工作。把防范化解金融风险和服务实体经济更好结合起来,坚定做好去杠杆工作,把握好力度和节奏,协调好各项政策出台时机。由此,"稳"成为主要目标,宏观政策做出很大调整,去杠杆转向稳杠杆。10月的中央政治局会议再次强调:当前经济运行稳中有变,经济下行压力有所加大,部分企业经营困难较多,长期积累的风险隐患有所暴露。对此要高度重视,增强预见性,及时采取对策。要坚持"两个毫不动摇",促进多种所有制经济共同发展,研究解决民营企业发展中遇到的困难。随之,政策调整力度进一步加大,各部门、各地区、各金融机构纷纷出台扶持民营企业的措施。

2018年宏观政策的剧烈调整超出了社会预期,产生了很大的震动,也引起了很大争议。

中国央行行长易纲在谈到去杠杆问题时也表示:"前期一些政策制定考虑不周、缺乏协调、执行偏离,强监管政策效应叠加,导致了一定的信用紧缩。"央行研究局局长徐忠进一步指出:前一阶段政策调控存在"一刀切"倾向,在整顿地方政府隐性债务的同时,未考虑补短板的基建资金缺口,基建投资金额迅速下跌;房地产市场在"补库存"压力下,通过限制政策打击投机需求,但也误伤了合理的改善型住房需求;行政性去产能更多是去产量、改善中上游行业盈利情况,"运动式"环保加大了企业负担,很多做事有效率的民营企业不得不退出市场。一些宏观政策缺乏统筹,相互不协调,政策效应同向叠加,导致"合成谬误"现象,一些初衷是好的政策产生了相反的作用。再加上中美贸易摩擦加剧及国有企业、财税体制、市场准入等深层次改革迟迟未能有效推进,政策预期不稳,市场信心不足。

对于这一局面的出现需要深刻反思,对如何把握金融杠杆的作用原理,如何看待杠杆率的指标口径与合理目标,去杠杆应该如何把握力度和节奏,如何把握去杠杆、防风险与稳增长的关系等需要认真思考、准确把握。

金融杠杆之魔力

其实,金融杠杆之原理恰在于其魔力工具的释放。但,魔鬼在人心,而非杠杆本身。

金融杠杆(leverage),是指在自有资金的基础上,通过增加确定成本的负债,扩大资金规模和资金运用的结果,无论最终的结果是收益还是损失,都会比单纯使用自有资金有一定比例的扩张,就像使用杠杆可以撬动更大物体一样。

必须明确的是,使用金融杠杆会产生两种可能性:在投资活动可以获得超过债务成本的收益水平情况下,扩大负债和杠杆率,则投资人可以获得远高于单纯使用自有资金进行投资的收益。但如果投资活动能够获得的收益低于债务成本,扩大债务和杠杆率,就会使投资人承受比单纯使用自有资金进行投资更大的损失。

所以,金融杠杆是放大器,可以放大好的结果,也同样能放大坏的结果;可能成为天使,也可能成为恶魔。在使用金融杠杆这个工具之前,投资者必须仔细分析投资项目中的收益预期,特别是准确把握可能遭遇的风险。在进行投资分析和决策时,理应坚持审慎或保守原则,对预期收益没有较大把握的,尽可能不纳入投入产出分析之中,而对可能存在的风险和损失,则要尽可能纳入分析之中。其中,一个特别需要重视的因素是使用金融杠杆扩大投资所能产生的现金流,必须要能够保证到期债务的偿还,防止出现债务危机、声誉受损和资金链断裂。否则,即使所投资项目的最终结果能带来巨大收益,投资人也可能面对提前出局的下场。

可见,债务本身只是工具,并不存在好与坏,有分别的是债务的运用效果。而债务运用效果,又取决于投资人的投资预期和判断是否准确、投资人的追求是否出现偏差。所以要掌控好金融杠杆的魔力,真正做到趋利避害,还是要把控好人性。

现实的问题是,金融杠杆的使用,投融资的发展,是在经济社会的大环境中进行的,投融资活动的影响因素会有很多,若干个体的行为取向又会影响到一定范围整体的判断和行为取向,形成从众心理和羊群效应。

比如,在经济出现上升势头的情况下,人们很容易扩大投资和消费,并因此而扩大债务和杠杆。债务和杠杆的扩大,又会成为投资和消费即经济增长新的动力。投资和消费的增长,又会支撑着收入和资产价格的上升。收入和资产价格的上升进一步支持未来的债务扩张以及商品和金融资产支出,由此形成相互影响、螺旋式上升的局面。但这种螺旋式上升的发展必然会推动债务的扩张、投资和消费的支出、社会收入的增长超出经济潜在的增长率,进而形成泡沫和风险。由于信息不充分、不对称客观存在,在经济上升过程中,人们很难准确判断是否已经"走"过头了,更多的可能预期是经济仍将持续增长,债务、投资和消费仍会扩大,直到问题暴露,经济出现下行。而当经济增长出现下滑时,政府当局可能又要采取各种刺激政策,维持经济增长和政局稳定等。

然而,经济发展有自身规律,脱离逻辑和规律的发展美景,最终会破灭。而一旦泡沫破灭、风险释放,资产价格就会大幅下跌,债务规模和杠杆水平就会随之大幅收缩。由此呈现出桥水基金创始人瑞·达利欧(Ray Dalio)所说的债务杠杆效能:"借贷(增加)会自然地产生自我强化的向上动力,最终反转再产生自我强化的向下动力。"这种状况控制不好,就可能引发大大小小的金融危机和经济危机。

可见,危机很重要的根源,就是过度使用金融杠杆,积累和爆发债务危机。

当然,债务的出现,杠杆的使用和扩张,是人们追求更大利益的选择。这有利于扩大投资和消费,促进经济社会加快发展,但由此也会产生和积累风险,最终形成金融或经济危机。而过度扩张或急速收缩债务规模与杠杆水平,则是在信息不充分不对称的情况下,人们追求利益最大化(包括防范重大损失)的本性产生的必然结果,从而爆发危机,既而政府出台政策消除泡沫,促进改革,实现经济金融止跌回升,再次从复苏走向繁荣,即"复苏—繁荣—危机—萧条—复苏"的循环和规律。

既然是规律,就不应当回避,完全消除金融杠杆是不现实的。但必须加强对金融杠杆的认知和有效把控,真正做到趋利避害,防止产生重大风险和危害。这不仅是企业和个人微观决策需要认真对待的事,更是需要国家从宏观经济调控和政策选择的角度认真研究和准确把握的事。

在这方面,瑞·达利欧在畅销书《债务危机》)中指出:

纵观历史,只有少数训练有素的国家避免了债务危机。这是因为信贷从来没有被合理充分利用,往往搞得还很糟糕。

信贷周期会影响人们的心理,催生出泡沫和萧条,虽然政策制定者通常会努力做出正确的决定,但他们更多时候会为了短期的回报(更快的增长)而犯了信贷过度宽松的错误。宽信用(例如,提供担保、放宽货币政策等)比紧信用在政策上更容易实现。这是债务大周期产生的主要原因。

泡沫即将来临的一个典型信号是,越来越多的借出资金是用于偿还债务,这将加剧借款人的债务危机。

通常债务危机的发生是由于债务和偿债支出的上升速度快于收入增长,从而引发去杠杆:人们借债的能力会达到极限,债权人会因为害怕坏账损失而收缩出借资金,债务人会因为害怕还不了债而减少举债,相应减少投资和消费,资产价格和工资收入也会随之下降,进而推动经济加快衰落,乃至出现危机。虽然央行可以通过降低实际利率和名义利率的方式来缓解债务危机,但是当利率没有空间继续下降时,就会发生严重的债务危机(即萧条)。

杠杆率之惑

如果不厘清杠杆率的指标口径与细分领域,简而化之为去杠杆似乎并不科学。

杠杆率原本是指一个单位权益资本与其总资产的比率(资产权益率或资本充足率)。或者更直观的表示是,一个单位资产总额与其权益资本的比值(倍数),即以一定规模的自有资金可以支撑多大倍数的资产规模。这也可以间接地用资产负债率(即一个单位的总负债与总资产相比)来表示。

但直接用资产权益率或资产负债率,难以反映出资金的使用效率,也就难以相互比较。因此,现在人们在讲到"杠杆率"时,更多的是将负债规模与 GDP 进行比较。一个国家的宏观杠杆率就是其全社会负债总额与 GDP 之比。其中,又细分为企业部门杠杆率、居民部门杠杆率、政府部门杠杆率等,均以各部门的债务规模与 GDP 进行比较。

中国人民银行发布的《中国金融稳定报告(2018)》数据显示,截至 2017 年年末,中国宏观杠杆率为 248.9%,大大高于 2007 年的 145%,其中,2012—2016 年间年均增长 13%,2017 年仅上升 2 个百分点。2017 年宏观杠杆率中,非金融企业部门杠杆率为 163.6%,居民部门杠杆率为 48%,政府部门杠杆率为 47%。

在主要经济体中,宏观杠杆率超过 250% 的非常少见,而其中企业部门的杠杆率,中国更是远高于欧元区的 101.6%、日本的 103.4%、美国的 73.5%,更高于俄罗斯、印度和巴西等新兴经济体。中国政府部门和居民部门杠杆率与这些国家相比,虽然不是很高,但上升速度很快,其中政府部门可能还存在一些隐性负债,居民部门存款总额减去贷款总额后的"净存款"规模,在 2015 年达到高峰值后快速下降,2017 年年末至 2018 年年末已低于 2012 年年末的水平。中国宏观杠杆率快速提升的情况也引起国际组织的高度关注和反复提醒。

正是基于上述因素,中国从 2015 年年底就提出要去杠杆、防风险,并不断加大力度。

但现在回头看,在这一过程中还是存在四点值得检讨的问题:

其一,用债务规模与GDP相比作为杠杆率指标本身的准确性值得商榷。GDP是当年新增产值的概念,支持GDP增长的,不仅有债务资金的投入,还包括权益资本的投入,在GDP一定的情况下,债务资金与权益资本对GDP的贡献此消彼长。在这种情况下,债务规模与GDP相比很高,可能权益资本与GDP相比就很低,不将二者结合在一起综合观察投资回报率,而是单纯观察债务规模与GDP之比,实际上意义并不大,更不具备与其他国家的可比性。

其二,不同国家的融资结构不同,会对债务规模与GDP之比产生很大影响。在直接融资,特别是股权融资比较常见的国家,其权益资本的占比就会提高,债务资金占比就会降低。在以间接融资为主的国家,则会相反。不考虑融资结构,直接用宏观杠杆率进行比较,也存在很大不可比性。

其三,经济结构与GDP的质量也不同。有的国家产业附加值高,同样的投资,回报率远高于产业附加值低的国家,这样,直接用宏观杠杆率进行比较,同样存在不可比性。

最后,在提出去杠杆任务时,对去杠杆与稳增长是什么关系,企业杠杆率、居民杠杆率、政府杠杆率与宏观杠杆率之间的相互关系是什么,各部门杠杆率要压缩的目标是多少,多长时间要达到目标,去杠杆收缩流动性对各行业上下游的影响会有什么不同,等等问题,似乎缺乏论证以及统筹协调,在实施过程中难免行政化、运动式、叠加式推进,很容易造成调整过快过头。

因此,简单地提去杠杆是不科学的,面对极其复杂的宏观体系

和宏观局势,不做全面统筹、科学谋划,单纯推进去杠杆是很危险的。

本外币债务的危机影响差异

此外,去杠杆过程中的债务问题还有一个重要因素——即本外币债务和外币资金跨境流动的影响,而本外币债务对危机的影响存在很大不同。

达利欧在其《债务危机》一书中进一步指出:"基于对过去 100 年中所有那些 GDP 下降超过 3％的(48 宗)极端案例的研究,我认为,只要债务是以本国货币计价的,政策制定者几乎可以很好地应对每一种情形。""从我对这些案例的研究来看,最大的风险不是来自债务本身,而是来自政策制定者由于缺乏知识或缺乏权威而无法做出正确的事情;政策调整在帮助一些人的过程中会伤害另一些人。""在所有债务危机的案例中,最终政府都会选择印钞、借钱大搞投资,以及让货币贬值。那些行动越快的国家,恢复得也越快。"

《断层线:全球经济潜在的危机》的作者、前印度央行行长拉古拉迈·拉詹,通过对发展中国家几十年经济发展的研究也指出:一个国家的投资越多,经济发展就越快。然而,如果投资中资金来源是外债的比例越大,其增长速度相对于那些少有外债的国家就会越慢(外债投资大量的收益将流出海外,而不是保留在本国),而且很容易陷入困境难以自拔。换句话说,用自己国民的储蓄来投资并发展经济,才是最好的方式。

那么,为什么本币债务与外币债务的实际影响有那么大的不同?

这就涉及一个货币管控与币值调整的问题。

在废弃金属本位制之后的信用货币体系下,货币投放的主要渠道不再是货币当局购买货币储备物投放基础货币,而越来越多的由信用中介通过间接融资方式投放货币。这也产生了间接融资与直接融资两大融资方式的很大不同:直接融资不会派生货币,而间接融资会派生货币。间接融资增加的社会债务,会使货币总量增加。

在社会财富不变的情况下,货币总量的增加就意味着货币一定程度的贬值。而货币贬值意味着社会财富无形之中的重新分配:持有货币的人实际购买力下降,意味着其财富的一部分被剥夺。通过货币贬值进行社会财富的重新分配,是最隐蔽最容易推动的,因此,货币政策也成为越来越被广泛运用、影响力越来越大的宏观调控政策。当然,货币总量和货币贬值的调控是有度的,一旦失控造成其剧烈波动并严重影响人们的生活生存,就可能引发严重的金融危机或经济危机,引发严重的社会动荡和政府更替。

需要明确的是,一国政府或货币当局只能主导本国货币的投放和总量控制,而不能主导他国货币的投放。

当一个国家对外开放、促进经济加快增长时,往往会吸引更多的国际资本和产能流入,在推动经济更快发展的同时,也会刺激劳动力价格和资产价格快速上升。劳动力价格和资产价格的上升,又会助推社会负债,包括外债的不断扩大,进而导致资产泡沫和金融风险不断聚集。一旦风险暴露,国际资本或外汇资金就可能大量撤离或外流,就很容易引发本币贬值和金融危机。

这又进一步引申出一个重要问题:招商引资、对外负债引进的资金,是否允许外汇自由流通或自由兑换?从投资人角度来说,当然是再好不过,可以减少其风险。但对接受投资的一方而言,则面临资金流动失去控制,造成严重金融危机的风险。其结果取决于资金供需双方的博弈。从接受投资方来看,最佳选择是,严格控制外汇流通和自由兑换,外汇必须兑换成本币才能使用。当然,这会被动扩大本币投放量,看起来似乎会削弱货币政策的独立性,实际上,这是货币投放最便宜的方式,央行基础货币投放量扩大,可以采取抑制货币信用投放和货币乘数的方式有效抑制货币总量的过度扩张,同时,将流入的外汇高度集中起来掌握在国家(央行)手中,也有利于形成最大的外汇储备实力,从而有效抵御国际资本做空本币和外汇大量外流的冲击。这方面中国积累了成功的经验。

也正因为如此,即使宏观杠杆率很高,但如果主要是本币负债,其引发金融危机的概率也是比较低的。相反,即使宏观杠杆率不是很高,但由于外债占比很高,其发生金融危机的概率仍是很高的。

达利欧在其《债务危机》一书中披露:所有发生货币危机的国家,其关键数据是:外债占 GDP 之比比较高,平均为 46%;经常账户维持逆差,平均为 -6%;外汇储备占 GDP 之比比较低,平均为 10%。

2017 年年末中国这三项指标的数值为:13%、1.75%、23%。从这一角度看,中国不会发生货币危机。

去杠杆应为稳杠杆,稳中求降

或许,通过上述分析,可以说中国的杠杆率并不是像一些人说的那么可怕,已经到了非常危险的程度,必须尽快去杠杆。但也必须看到,近年来中国的杠杆率提升太快,不加控制可能引发严重问题,绝不能继续放纵不管。同时,杠杆率快速上升的原因非常复杂,直接涉及经济发展阶段转换、经济社会的体制机制和各种结构性问题等,去杠杆对企业、个人、政府等部门的影响不同,对产业上下游的影响也不同,必须非常小心谨慎地推进。

其中,一个必须充分认识的现实是,中国经济发展正在迈入真正的"常态":

1999 年全面深化住房体制、教育体制、医疗体制"三大改革"之后,推动的资源变资本、资本加杠杆政策,使中国经济克服了 1997 年东南亚金融危机和 1998 年南方大水的冲击,2000 年开始经济明显止跌回升,为加入 WTO 奠定了重要基础。2001 年中国正式入世后,大量国际资本和产能流入中国,推动中国经济高速发展,外汇储备快速增加,财政的资源类收入大幅增长,税费收入压力大大缓解。货币投放大量集中到央行购买外汇投放的基础货币,央行外汇占款从 1999 年年末的 1.41 万亿元,一直增长到 2014 年 5 月末的 27.30 万亿元。这类货币投放会直接进入出售外汇的单位和个人手中,因为其中间环节少、成本低(主要是兑换价差),成为货币投放最经济便捷的途径。经济增长、收入提高,也使居民部门的本外币净存款(存款减去贷款的余额)在 2015 年 2 月末达到迄今为止(2018 年 12 月)29.90 万亿元的高峰值。

但自 2014 年下半年开始,央行外汇占款快速下降,基础货币相应收缩,截至 2018 年 12 月已减少近 6 万亿元,但全社会流动性需求加大,货币投放更多地依赖银行贷款,而银行在法定存款准备金居高不下的情况下,又越来越多地依赖央行出借资金,由此,央行对存款性机构的债权快速上升,现在基本上维持在 10 万亿元之上,其利率大大高于法定存款准备金的利率,这会明显增大货币投放的环节和成本(中国金融体系包括中央银行、政策性银行、国有大型商业银行、中小银行、非银行金融机构等,社会融资体系又包括政府平台、大型银行、国有中小企业和有影响力的大型民营企业、一般中小企业、小微企业及"三农"企业、无抵押个人贷款等多个层级,可谓是全世界最复杂的融资体系),特别是小微企业和"三农"企业融资难、融资贵问题更加突出。同时,在经济下行压力加大的情况下,财政减税降费和扩大开支的压力随之同步加大,但财政依靠资源变现的能力却快速减弱、难以持续,在强化税费征管的同时,大量资金依靠债务筹集,负债率和成本随之扩大,越来越多的地方政府面临债务困境。人民银行披露的存款性机构"对政府债权(净)"项目数据显示,2014 年年末为 5.5 万亿元,2015 年年末即上升到 9.83 万亿元,2016 年年末进一步上升到 16.23 万亿元,2017 年年末增加到 20.49 万亿元,2018 年 9 月末为 23.89 万亿元,相应地,其负债成本也快速提高。在这一过程中,居民本外币存款减去贷款后的净存款,到 2015 年 2 月末达到 29.90 万亿元高峰值后不断下降,年末下降到 28.16 万亿元,2017 年年末进一步下降到 24.68 万亿元,不仅大大低于高峰值,而且低于 2012 年年末的 24.88 万亿元。

这些数据反映出,中国 2000 年以来高速发展十多年,并不是一种常态,而是一种特殊时期的特殊结果,根本不具备长期可持续性,而 2015 年实际上成为经济增长换挡转型的重要拐点,现在正在迈入真正的"常态"!未来经济增长不可能再追求两位数以上较长时间的高速增长,而要转为中高速高质量发展。2018 年到 2020年,就成为换挡转型非常关键的调整转轨期,各种矛盾将相互交集、集中暴露,对此,必须清醒认识、高度警惕、准确把握,战略目标和宏观政策的制定与实施,必须切实坚持稳中求进!

所以,**中国正处于经济增长换挡转型调整的关键时期,在经济下行压力很大的情况下,合理的选择应该是稳杠杆,抑制杠杆率过快增长,**在此基础上,稳中求进,逐步释放问题、认知问题,兼顾稳增长与防风险的要求,在可能的情况下努力降低杠杆率,并着力解决高杠杆背后的体制机制问题,推动金融创新,在发展中妥善解决问题,避免急于求成而出现行政化、运动式、"一刀切"的去杠杆运动和政策的"合成谬误",避免"一放就乱、一收就死"的大起大落与恶性循环。

概之,在"变"与"稳"之间,需把脉好中国从去杠杆到稳杠杆的切换模式。

反思去杠杆政策

沈建光

京东数字科技首席经济学家

2018 年以来，在去杠杆和财政紧约束的背景下，中国经济出现明显下滑态势，消费低迷，投资不振。10 月 31 日中共中央政治局会议首次强调"经济下行压力有所加大""外部环境发生深刻变化"，表明短期内稳增长措施将被放置在首位，并未提及去杠杆。中国人民银行行长易纲在谈到去杠杆政策时表示，"前期一些政策制定考虑不周、缺乏协调、执行偏离，强监管政策效应叠加，导致了一定的信用紧缩"①。这预示着政策信号的变化——当前决策层关于经济形势与防范金融风险的判断已再次转变。在此背景下，如何看待前期去杠杆政策？未来的政策又将何去何从？这些问题值得深入探讨。

---

① 《华夏时报》，https://baijiahao.baidu.com/s? id=16163981188634 31907&wfr=spider&for=pc.

从"去杠杆"到"稳杠杆"

本轮去杠杆始于金融部门。2008 年金融危机以来,中国经济高增长进入下半场,货币政策放水、监管放松、金融自由化都成为稳增长的政策工具,不断膨胀的"影子银行"体系持续向地方融资平台、产能过剩国企、房地产部门输血,导致杠杆上升、风险堆积,加剧了金融系统的脆弱性,更导致资金在金融体系空转无法流入实体。在此背景下,十九大正式将"防范化解重大风险"列为三大任务之一,"防风险"取代"稳增长"成为经济工作的主基调。国企混改、债转股、财政部 23 号文、资管新规、房地产调控等一系列去杠杆政策陆续出台,着力化解政府、金融、企业等多领域杠杆风险,去杠杆逐渐延伸到整个经济领域。

在这一系列政策作用下,去杠杆效果明显显现。易纲行长此前表态"目前宏观杠杆率稳住了"。根据央行数据,截至 2017 年年末,中国宏观杠杆率为 248.9%,较 2016 年仅上升了 2 个百分点,而在过去五年里,这一比率年均上升 13%,杠杆率的增长势头明显趋缓。此外,2018 年以来,社融规模持续收缩,信托贷款、委托贷款等表外贷款规模降幅明显。

2018 年中国经济面临内外环境的双重压力,稳增长需求迫切。2018 年三季度 GDP 下滑至 6.5%,创 10 年以来的新低,消费、基建、投资均疲软,民营经济下滑,出口面临较大不确定性;资本市场也出现动荡局面,A 股指数持续下跌引起股票质押危机,债务违约频发,市场信心受到打击。加之易纲行长 2018 年 10 月表态"宏观杠杆率稳住了",**当前经济工作的主基调再次转换到稳增长上来,从"去杠杆"阶段进入"稳杠杆"阶段。**与之相应,中国货币政策在 2018 年三季度已迎来边际调整,整体保持宽松,2018 年 7 月和 10 月央行两次定向降准,并综合运用 MLF、再贷款、再贴现等多种政策工具调节金融市场及特定领域资金流动性。

本轮去杠杆过程中的主要矛盾

企业部门高杠杆是中国杠杆率高的重要原因。根据中国人民银行发布的《中国金融稳定报告(2018)》数据,截至 2017 年年末,中国非金融企业部门杠杆率为 163.6%,占宏观杠杆率的 65.7%。横向比较来看,中国非金融企业部门的杠杆率在主要经济体中位列第一。2017 年年末,非金融企业部门杠杆率为 163.6%,较2016 年下降 1.4 个百分点,但从国际比较来看,仍处于很高的水平。

分企业类型来看,相对民营企业来说,国有企业杠杆率一直较高,但从本轮去杠杆政策的执行来看,国有企业杠杆率虽然在高位有所回落,但民营企业却由于去杠杆力度过紧,出现了资金困难,杠杆率不降反升,凸显了去杠杆过程中的矛盾。

一方面,国有企业杠杆率高位略有回落。2018 年国有企业的负债扩张速度降至较低水平,资产负债率确实逐步在下降,但幅度有限,整体依然维持在 60% 左右的高位。说明国有企业在市场地位、融资渠道等方面具有先天优势,去杠杆过程中国有企业动力明显不足。此外,《中国金融稳定报告(2018)》指出了当前国有企业去杠杆存在的一些问题,如债转股模式仍在探索中、债转股资金来源和投向不匹配、公司治理不到位等。

另一方面,民营企业逆境承压。私营工业企业的资产负债率从 2017 年 12 月起明显上升,在去杠杆的背景下,负债扩张速度反而加快,现金流较为紧张、财务状况恶化。伴随着去杠杆与严监管,"影子银行"被极大限制,股权质押新规的出台又对场内场外质押业务进一步收紧,原本可以通过多元化信贷渠道获得外部融资支持的民营企业,运营更加艰难,民营企业杠杆率升高与其融资难的处境相互作用,凸显了民营经济面临的困境。

前期去杠杆政策的制定,缺乏政策协调,对民营经济可能出现的困境缺乏考虑,加之节奏较紧、力度较大,引发了经济下行压力和新的金融风险。加之金融市场动荡,股市一路下跌引爆了民营上市企业的股票质押危机,债券市场也违约现象频发,金融机构纷纷收紧风险偏好,加剧了民营企业的融资困难。

在此背景下,中国高层纷纷喊话、密集出台纾困政策,除前期的民营企业债券融资支持工具、基金、险资、地方国资入市等政策以外,银保监会主席郭树清于 2018 年 11 月提出初步考虑对民营企业的贷款要实现"一二五"的目标,即在新增的公司类贷款中,大型银行对民营企业的贷款不低于 1/3,中小型银行不低于 2/3,政策力度加大充分显示了中国高层稳定市场信心、支持民营经济发展的决心。但这种事后"打补丁"的方式,恰恰表明稳增长与防风险的关系在前期的政策制定中未得到有效平衡。

"去杠杆"应更有针对性

短期内中国政府的工作重心将向稳增长偏移,同时,基于当前存在的现实矛盾,未来去杠杆政策应更有针对性,具体建议如下:

一是金融去杠杆应把握好力度与节奏。金融强监管与货币政策、财政政策应做好协调,充分评估金融领域风险向实体领域的传导效果,避免用力过猛带来新的风险。

二是去杠杆过程中,更加注重化解结构性矛盾。针对中国宏观杠杆的结构性特征,尤其是非金融企业部门的结构性问题,要有所侧重,分类施策。例如,短期内应着力解决好民营经济的发展问题,短期"输血"与长效机制安排并重;长期来看,去杠杆的重点领域仍为国有企业和地方政府债务。

三是解决好激励机制和政策目标的冲突。国有企业不能仅依靠考核与惩罚机制倒逼去杠杆,应从治理结构层面入手,建立合理的激励机制,引导国有企业主动降杠杆;地方政府在基建投入补短板上不存在激励问题,但财政政策在"堵后门"的同时要考虑"开前门",避免政策目标相互冲突。

四是对债转股进行合理安排。《中国金融稳定报告(2018)》指出当前债转股仍面临诸多问题,如资金来源、公司治理、重组方式等。此外,本轮债转股最终能否取得理想效果,关键在于如何与供给侧改革相结合,过程中要避免向国有"僵尸企业"纾困、同步处理好去杠杆与去产能的关系。

第五辑

市场创新与监管

科创板制度对 A 股的影响

王骥跃

券商资深保代人

自 2018 年 11 月 5 日宣布在上交所设立科创板并试点注册制起,不到 3 个月时间,2019 年 1 月 30 日,第一波科创板注册制的主体文件征求意见稿《科创板首次公开发行股票注册管理办法(试行)》出炉,引发市场热烈讨论。①

已经公告的 9 个文件信息量巨大,需要反复研读才能充分吃透文件精神。这套文件,是第一套以监管一线为主起草的全套制度性文件,直面股票定价、交易、减持、退市等市场核心问题,充分体现了市场化法制化改革的决心。

为承载中国未来发展的科技创新企业提供一个新的证券交易板块,只是科创板注册制的重要意义之一。科创板注册制更重要的意义,并不是让少数适格公司享受资本市场红利,而是成为整个资本市场改革的试验田。如果科创板注册制的市场化改革之路走

---

① 本文中出现文件无明确发布时间说明的均为征求意见稿。

得通、走得好,整个资本市场的改革就会跟进;而试点过程中可能出现的问题,也会为相关机制的完善成熟提供宝贵经验。

从这个角度出发,科创板注册制全套制度所体现的三大转变,必将推动中国证券市场转变,并将对市场产生巨大影响。

重审核、轻发行向严审核、重发行转变

新股发行审核一直都是证券市场最重要的监管环节,肩负着把好入口关的重任,证监会发行部和发审委对申请材料进行长期、反复、细致的审核,拟上市公司被全方位审察。发审会一度被视为整个首次公开募股(Initial Public Offerings,简称 IPO)流程中最重要的环节,而真正的 IPO 时刻即发行环节,反而成了整个流程中最不重要的环节。投行和发行人的大量工作是应付证监会审核,对市场几乎不关心,对投资者也不关心。

自 2014 年 6 月以来 1000 多家公司 IPO 不需要询价路演,几乎是定价发行,毫无发行压力;即使是 2009 年 6 月—2012 年 9 月放开 IPO 市场化定价的 880 多家公司,也只有 3 家出现了发行中止现象,但很快都顺利发行了;2009 年 6 月之前的 IPO 更从未有过真正的发行压力。

市场对 IPO 定价没有实质约束,甚至几年来投资者已经不再关注 IPO 公司质地而只是关心其是否能中签。尽管所有公司招股书都明确写着“中国证监会、其他政府部门对本次发行所做的任何决定或意见,均不表明其对发行人股票的价值或投资者的收益做出实质性判断或者保证”,但几乎市场所有参与者都认为证监会

应该为上市公司质量负责。

然而,事实证明,在投资者和发行人互相不关心的情况下,证监会的严格审核既不能杜绝 IPO 财务造假,更不能保证上市公司质量。重过往表现轻未来发展的审核逻辑,导致放行到市场的真正有投资价值的公司并不多,更多只是在造壳。

只有市场挑选和定价的,才是真正有投资价值的公司;只有尊重投资者利益的公司,才是有可能与投资者共赢的公司。

在市场化和法制化导向的科创板制度体系下,可以预见的是:审核不会放松,但可能转变风格,引导 IPO 市场从重审核轻发行向严审核重发行转变。

从披露的全套征求意见稿来看,相对于现行主板创业板 IPO 的发行条件,科创板的发行条件大幅减少。《科创板首次公开发行股票注册管理办法(试行)》所规定的发行条件只有 4 条(成立满 3 年、财务基础和内控规范、具有独立持续经营能力、发行人及相关人员合法经营),而《科创板首次公开发行股票并上市管理办法》规定的发行条件达 23 大条,2018 年发布的《首次公开发行股票并在创业板上市管理办法》规定的发行条件也有 10 大条。即使算上符合科创板定位的要求以及符合上市条件 5 套指标之一的要求也算发行条件,科创板的发行条件也还是很少的。

从审核规则看,对发行条件的审核重点关注的是信息披露和中介机构意见,尽管 4 条发行条件中不可避免还会有一些自由裁量权,尽管交易所还可能会在审核过程中请示证监会相关审核标准,但对发行条件的实质性审核相比当前 IPO 审核还是会少很多。

从审核规则看,交易所的审核理念主要是信息披露。与当前审核强调对信息披露的"真实性、准确性、完整性"进行审核不同,科创板的审核重点在于信息披露的"充分性、一致性、可理解性","真实性、准确性、完整性"由发行人和中介机构负责。

由于交易所不确认"老三性",当然不用对"老三性"负责;而证监会始终在严审"老三性",市场当然认为发行部发审委要为信息披露的"真实性、准确性、完整性"负责,出了问题就是没审好。

也就是说,科创板 IPO 审核依然还会是严格的,但严格的审核目的是促使信息披露的"充分性、一致性、可理解性",而不在于对发行人的实质性审核及判断,彻底改变审核理念,这才是注册制的审核要义。

相对于现行 IPO 机制,科创板的发行定价环节至关重要,5 套上市标准全部与预计市值相关,即使交易所证监会放行了,发行询价环节不能实现预计市值,依然不能成功上市。或许在试点初期相关市值指标并不是个事,但运行一段时间后,市值指标可能会成为最重要的约束机制。而询价产生的预计市值,也很可能会戳破不少所谓独角兽的估值泡沫。

科创板 IPO 定价环节采用询价制,并且充分考虑了 2009 年以来 IPO 询价制度的各种问题,在制度设计上给了各方利益者充分的博弈空间,并进行了相应的约束:

由于亏损公司也可以上市,科创板 IPO 发行价一定会突破 23 倍市盈率的限制;

由于网下发行比例大幅提高,询价对象的话语权会提高,2009 年和 2010 年询价制改革过程中出现的低成本乱报价冲动可能会

受到一定遏制;

由于超过 4 数区间(全部有效报价中位数和平均数、公募社保养老金报价中位数和平均数)需要进行风险提示并充分说明理由,可以预计最终发行价会落在 4 数区间之内,从而避免了2013 年年底新股恢复发行时的最高有效价发行情形,定价结果更合理;

由于保荐机构的子公司或兄弟公司参与战略配售,其利益与保荐机构尤其是保荐机构的投行部门并不一致,也会对高价发行有所约束;

而战略投资者虽然只是价格的接受者,但不参与询价过程只是不参与报价而已,配售协议一般也会约定一个价格上限,从而对高价发行有所约束。

在新的询价机制下,新股不败神话很可能会被打破,上市后很快破发甚至上市首日破发都是很有可能的事情,投资新股不再是无风险投资。

衡量询价机制是否有效,不在于新股不败神话是否会被打破,而在于市场约束机制是否可以有效运行,在于不同行业不同阶段不同特点的发行人是否可以被市场给予差异化的定价,在于一些公司若不被市场接受就不能成功上市,在于市场是否真正开始关注新股的投资价值而不再仅仅贴上个新股的标签。

可以想见,如果新的询价机制在科创板有效运行,其他板块IPO 发行定价势必会跟上,整个 A 股市场的源头将发生重大变化,已经运行近 5 年的市值配售打新模式也会受到冲击,一批为打新而存在的底舱可能会因此受到动摇,A 股也可能会因此进入一个重新平衡阶段。但是,只有遵循尊重市场规律,A股生态环境才可能健康发展,A股也才会真正涅槃。

投资者从散户为主向机构为主转变

根据中国证券登记结算公司的统计,截至 2018 年年底,A 股投资者数量共 14582.73 万个,其中个人投资者达到了 14549.66 万人,包括产业资本、公募私募、社保、保险、QFII 等在内的全部机构投资仅 33.07 万个。个人投资者占比超过了 99.77%,而其中持股市值不足 50 万元的小散户超过投资者总数的 85%,持股市值在 10 万元以下小散户达到投资者总数的 55.28%。[①]

散户尤其是小散户比例大,是中国证券市场的重要特点而不是证券市场的问题。监管部门出于保护投资者利益尤其是保护中小投资者利益的良好意愿,在很多制度方面向中小投资者的利益倾斜,但却扭曲了市场规律,最终反而伤害了中小投资者。

证券市场投资风险较大,需要相对专业的知识,不具备基本证券知识的投资者,到股市投资更多是来游戏或者赌博的,因此对投资者进行适当性管理是有必要的。在 A 股已经既成事实的情况下,在新板块设置对投资者的适当性要求是监管一直想要做的事情。

之前创业板开板时也设置了对投资者的适当性管理要求,但只是要求有两年投资经验并签署相关风险揭示书,在市场机制上

---

① 《上海证券交易所统计年鉴(2018 卷)》,呼和浩特:远方出版社 2019 年版。

与其他板块设计没有区别;创业板开设几年后也就放开了两年投资经验的限制。

而科创板在市场机制设计上,不再偏向中小投资者,甚至一些机制设计不利于不具备专业投资知识的小散户投资,而是鼓励小散户通过公募基金等机构投资者间接投资科创板上市公司,以引导市场从散户为主向机构为主转变。

(一)投资者门槛设置

《上海证券交易所科创板股票交易特别规定》明确设置了个人投资者门槛:申请权限开通前 20 个交易日证券账户及资金账户内的资产日均不低于人民币 50 万元,并且参与证券交易 24 个月以上。

50 万元的门槛,相比于新三板 500 万元的门槛低了很多,能够满足科创板流动性的要求,不至于像新三板一样缺乏流动性导致市场半死不活。

但 50 万元的门槛,还是会拦住至少一半甚至接近 80% 的散户投资者,这样也确保进入市场进行交易的投资者具备一定的资本实力和风险承受力。

50 万元,也是存款保险制度设计的全额赔偿上限,上交所可能是参考了这个标准提出了 50 万元的门槛。

(二)网下发行比例大幅提高

当前 IPO 发行相当于免费派送彩票,确定中奖了再缴款。在这种新股不败中签如中奖的预期下,为了换取持续发行新股而人为限制发行价向散户输送利益,网上中签率普遍在万分之一点几的水平。2013年10月8日发布的《证券发行与承销管理办法》规定,"网上投资者有效申购倍数超过150倍的,回拨后网下发行比例不超过本次公开发行股票数量的10%"。也就是说,实际上单只新股发行规模的90%是在网上发行的,实质上新股发行主要就是面向散户发行。

而《上海证券交易所科创板股票发行与承销实施办法》规定,"网上投资者有效申购倍数超过50倍且不超过100倍的,应当从网下向网上回拨,回拨比例为本次公开发行股票数量的5%;网上投资者有效申购倍数超过100倍的,回拨比例为本次公开发行股票数量的10%;回拨后无限售期的网下发行数量不超过本次公开发行股票数量的80%"。也就是说,实际上科创板新股发行是面向机构投资者发行,给散户的比例最多只有公开发行股票的20%(公开发行指扣除战略配售的股票,实际给散户的比例会更低)。

另外,《上海证券交易所科创板股票发行与承销实施办法》将询价对象设定为专业机构投资者,个人投资者不再被列入询价对象范围。也就是说,无论资产规模大小,自然人投资者都不再能够对新股发行价产生影响,只有是否接受发行价、是否参与认购的权利。

(三)新股上市价格形成机制变化

在当前的新股发行上市机制下,除了新股发行价限定上限23倍市盈率,新股上市首日还设定了两档合计44%的涨幅限制,且在上市次日开始涨跌停板限制情况下往往会触发连续涨停情形。新股上市后往往要经历从连续涨停到跌停再逐步稳定的一个较长过程,才能实现交易价格的稳定。在这个过程中,赌继续涨停和开板震荡,带给了散户投资者很大的刺激,也让很多散户投资者损失惨重。

而根据《上海证券交易所科创板股票交易特别规定》,新股上市前 5 个交易日不设涨跌幅限制,自第 6 个交易日起涨跌幅设为 20%,有利于新股充分换手尽快形成市场合理价格。之所以设置 5 个交易日不设涨跌幅限制,也是吸取了之前的教训,堵住制度设计漏洞:在新股上市首日限价之前,新股上市首日也是无涨跌幅限制的,但因为交易机制为 T+1 和上市次日设 10% 涨跌停板,这个交易机制意味着投资者在新股上市首日尾盘拉升第二天跌停出货依然可以大赚,从而扭曲了新股上市首日价格形成机制。

连续 5 天不设涨跌幅限制,即使没有 T+0 约束,对首日爆炒者也是存在巨大市场风险的;5 个交易日的无涨跌幅限制,意味着在 5 个交易日内新股已经实现了充分换手,新股市场合理价格已经大概率形成了;而第 6 个交易日 20% 的涨跌幅限制,也意味着第 5 个交易日尾盘操纵的风险大幅提高。

科创板新股上市交易价格形成机制,必将终结新股上市连续涨停板的怪象,甚至可能加速新股破发,散户投资者对待新股如果还抱有传统交易习惯,必然损失惨重。这个交易机制,对于普通散户来说是风险巨大的。

(四)个股做空机制

根据《上海证券交易所科创板股票交易特别规定》,科创板股票自上市首日起即可作为融资融券标的,也可以根据市场需要开展证券公司证券借入业务。这意味着交易所在制度设计上力图改变单边市的交易机制,更加便利个股做空机制。在 T+0 未能成行、裸卖空对市场影响太大的情况下,这已经是交易所可以做出的最大努力了。

个股做空机制便利化,意味着市场博弈的进一步复杂化,对于习惯了持股待涨或套牢死捂等解套的普通散户来说,亏损风险进一步加大,获利难度进一步提升。

以上科创板交易机制,如果运行良好,除了 50 万元门槛不太可能推广至全部 A 股板块之外,其他交易机制均可以在 A 股便利实施。更符合市场规律而不是中小投资者习惯或偏好的交易机制,意味着中小投资者将加速离场,转向通过公募基金间接参与证券市场投资。

至于市场某些人担心的没有了"韭菜"如何赚钱、赚谁的钱的问题,只能说如果证券市场只是为了割散户"韭菜",这样的证券市场也是没有投资价值、没有任何前途的。

通道型投行向综合型投行转变

在监管驯化下,当前投行更大性质上是通道型投行,保障发行人通过证监会审核是第一要务,应付审核的能力成为投行的核心竞争力,过会率高就意味着抢单子更便利。

而在科创板的规则体系下,应付审核虽然还挺重要,但更重要的是投行的综合实力。投行不能只是会做项目和解决监管关注问题,更要在承揽阶段会挑项目,在发行阶段会定价,还要有资本实力跟投,要在发行环节带动经纪业务,还要培养自己的长期资本方客户,相应责任也大了。

真要券商掏钱了,定价环节就会非常慎重(目前规则说的是"可以",尚无强制要求)。没有定价能力,要么市场不满意投资会出现大幅亏损,要么客户不满意以后没新客户了。各券商去抢优质项目,较高的发行价也得硬着头皮上,转身可能会在质地一般的项目上压低定价把损失给找回来。保荐机构与发行人之间、投行部门与资本市场部之间、资本市场部与券商投资子公司之间、各主承销商之间,甚至不同发行人之间,都存在着广泛的博弈过程,保荐机构的领导要考虑的,也绝非单个项目的事情。

举个例子,假如小米上科创板,投行拿发行额的 2%,按照当时的发行价券商子公司敢不敢拿? 投行和券商子公司要各自履行怎样的决策程序? 因为用的是子公司的钱而不是余额包销,子公司和投行之间要怎么博弈和协调? 因为保荐才得到的战略配售机会,挣了钱要怎么分? 亏了钱又算谁的? 防火墙要怎么设置? 小米从上市到现在股价亏了这么多,决策价格的责任又要谁来承担? 这亏了的钱又从哪儿找补回来?

在科创板规则体系下,为了培养具有竞争力的投行,监管层可谓用心良苦。一方面对保荐机构提出了新而严的要求,例如要求提交招股书验证稿和工作底稿,对保荐工作和持续督导提出了更高的要求,逼迫投行提高执业质量;另一方面,也给了保荐机构一些新的业务机会。

一个是配售环节有佣金收入机会。《上海证券交易所科创板股票发行与承销实施办法》明确规定"承销商应当向通过战略配售、网下配售获配股票的投资者收取不低于获配应缴款一定比例的新股配售经纪佣金",且"未按发行与承销方案中披露的标准,向战略配售、网下配售获配股票的投资者收取新股配售佣金"的要受到处罚。

一个是特定股东非公开转让减持业务机会。《上海证券交易所科创板股票上市规则》明确规定"上市公司控股股东、实际控制人、董事、监事、高级管理人员、核心技术人员持有的首发前股份解除限售后,可以通过保荐机构或者上市公司选定的证券公司以询价配售方式,向符合条件的机构投资者进行非公开转让",创投等其他股东也可以采用非公开转让方式减持股份。

在科创板的规则体系下,可以预见投行将成为调动整个证券公司资源的"牛鼻子",而不再只是应付证监会的通道。如果不能以投行业务为核心重构证券公司组织架构,不能顺利协调各业务部门或板块之间的利益,这样的证券公司在投行业务方面也会逐渐边缘化。可以预见有头部券商的投行领导的话语权会进一步提升,甚至各大券商总裁也将由投资银行家出任。

而证券公司的健康快速发展,也将进一步提高证券公司在整个金融体系中的作用与影响力,证券业在整个金融体系中的话语权也可能会进一步提高。

另外,针对征求意见稿中的科创板体制,有一点小小的猜想:保荐和承销是否会分开各自专业化?

保荐业务与承销业务本就不是一路,保荐业务的重点是合规性,保障申请文件的真实、准确、完整,保障上市后持续规范运作和信息披露合规;而承销主要在股票发行环节以及特定股东非公开转让环节起作用。

只是2004年开始实施的保荐制,让保荐业务逐渐成为券商投行的主角,而实质上券商投行的主角应该是承销业务。

在科创板规则体系下,对保荐业务提出了更高、更严的要求,保荐业务尤其是持续督导阶段的保荐业务也会进一步专业化;而规则体系对主承销商身份要求并不多,科创板很可能会出现几家境外上市券商去抢一个项目的承销份额的情形,承销环节市场化竞争将愈发激烈,也很可能进一步专业化发展。

在 A 股 IPO 环节,主承销商已经可以不是保荐人;或许未来某个时间,保荐人也可能不再是主承销商,或者只有非常小的承销份额。

顺便说一句,科创板 IPO 定价环节跟投是对保荐人的要求,不是对主承销商的要求,这里也会增加新的博弈点。

其他制度设计亮点

除了前述对中国证券市场的三大影响,征求意见稿中科创板规则体系还有其他制度设计亮点,未来也可能给证券市场其他板块以借鉴意义。

(一)减持制度的突破

2015 年股灾时制定的、2016 年 1 月和 2017 年 5 月先后修订的、对上市公司控股股东和持股 5% 以上股东以及董事、监事、高管人员减持股票设置的规范性要求,客观上改变了 2005 年股权分置改革以来形成的大小股东利益一致的格局,上市公司大股东激励机制不再,合法获利难度大幅增加,很多上市公司大股东走向了质押减持的路,多年不见的侵占上市公司资金、要求上市公司违规提供担保的情形再次多了起来。

一方面是特定股东需要有合法合规的获利渠道,另一方面特定股东减持又确实会对股票价格造成重大影响进而影响中小股东利益。堵住特定股东减持的恶果已经显现,市场迫切需要在机制上疏导特定股东减持需求。笔者曾经提出建议"大股东拟大比例减持公司股票的,以聘请承销商公开发售(类似于公开增发)方式或定向发售(类似非公开增发)方式减持,并要求受让方有一定期间的锁定期,交易价格以市场询价结果为准"。

本次科创板规则制定采纳了这个建议,《上海证券交易所科创板股票发行上市审核规则》规定特定股东可以向机构投资者非公开转让股票,相当于新建了一个批发业务的渠道,这是减持新规以来的一个重大突破。这个制度上的突破,既解决了特定股东的减持需求问题,也避免了直接对二级市场的冲击,还让市场参与者自主决定交易价格不再扭曲价格,是本次规则体系中的最大亮点之一。

另外,针对投资者特别关注的上市公司做烂了大股东还能套现走人问题,上述文件也做出了针对性规范:"公司上市时尚未盈利的,在公司实现盈利前,特定股东不得减持首发前股份"(公司上市满5个完整会计年度后,不适用前款规定);允许科创板上市公司减持变更实际控制人,但必须得有新的实际控制人,也是给监管提供抓手,免得真出了事找不到问责的人。

(二)员工持股参与配售

《上海证券交易所科创板股票发行与承销实施办法》规定:"发

行人的高级管理人员与核心员工可以设立专项资产管理计划参与本次发行战略配售。前述专项资产管理计划获配的股票数量不得超过首次公开发行股票数量的 10％。"

这给了发行人的高管与核心技术人员一次低价入股的机会，既绕开了上市前股东不超过 200 人的限制，也避免了股份支付带来的利润减项，还可以较长时间锁定高管和核心技术人员。唯一的问题是对高管和核心技术人员的激励可能不够，但这对于公司来说只是增加一个激励的可选项而不是必选项，公司依然可以采用其他更具有激励性的方案。

（三）退市制度更严格

《上海证券交易所科创板股票发行上市审核规则》制定了更严格的退市规则，对重大违法、交易性、财务性、规范性的退市条件都比现行规则要严格很多，充分体现了注册制下上市难退市也要受到严格监管的一面。

除了严格的退市条件，科创板退市机制还有两大亮点：一是对于已经明显丧失持续盈利能力的公司（即所谓空壳型公司），将启动退市程序，从而避免了 A 股传统的保壳续命死而不僵情形；二是明确规定了退市公司不得重新上市，断绝退市前的炒作预期。

但是，不得不提的是，机制虽好，还需要交易所能够抵抗住各方压力坚决执行。能够执行的规则，才是有效的规则。

如果科创板退市机制顺利进行，相应退市条款很可能会被应用到 A 股其他板块。

（四）为红筹、VIE 与 CDR 留了空间

因为历史与政策的原因，很多科技创新公司都是采用了红筹或 VIE 结构①，有些优秀的公司也已经在境外上市。如果只是因为其法律形式而拒绝在中国证券市场上市，既不能体现科创板的开放性，也不能让中国投资者享受这类公司的成长红利。

2018 年证监会曾经试图推动创新企业境内发行股票或存托凭证，小米的 CDR(Chinese Depository Receipt，中国存托凭证)发行甚至已经走到了发审会环节，但最终因种种原因没有实际落地，科创板理所当然应该在相关制度设计中为这类公司留下空间。

顺便说一句，证监会的相关规则并没有废止，依然有效。

（五）允许上市公司分拆子公司上市

A 股上市公司分拆一个子公司在境内 IPO 上市目前还没有先例，《关于在上海证券交易所设立科创板并试点注册制实施意见》明确规定“达到一定规模的上市公司，可以依据法律法规、中国证监会和交易所有关规定，分拆业务独立、符合条件的子公司在科创板上市”，《科创板上市公司持续监管办法》也有相应表述。这意味着科创板上市公司可以分拆子公司上市，也就意味着科创板上市公司自身可以作为新上市公司的孵化器。

科创板上市公司可以充分发挥上市公司平台价值，鼓励员工

---

① Variable Interest Entities，即协议控制结构，指境外注册的上市实体与境内的业务运营实体相分离。

创业,为相关项目新设子公司并给予员工股份,未来创业项目成熟后可以分拆上市。科创板的相关规则,对这种创业机制是极大的鼓励,也必将带动科创板上市公司更有活力地发展。

这个制度依然只是在科创板试行,A股上市公司分拆子公司在科创板或其他板块上市依然还没有政策支持,但如果科创板试行良好,意味着其他板块的跟进也只是时间问题。

未实现的改革目标

科创板注册制全套制度尚未出台完毕,但短时间内即推出的基本制度框架已经体现了相当的改革诚意,市场化、法制化的改革方向是清晰的。虽然不能要求改革一步到位,但依然有一些期待。

(一)T+0与涨跌幅完全放开

市场早已呼吁A股实施T+0交易机制并完全放开涨跌幅限制,也期待科创板交易机制会在这里有所突破,然而最终等到的是涨跌停板放开到20%,T+0依然缓行。

与涨跌停板幅度放开不同,T+0对市场的影响更大。涨跌停板幅度放开,只是幅度上从10%放到20%,这和把ST类股票从10%调整到5%没有实质差别,在技术上只是调个参数而异;而T+0,意味着买入股票当日即可卖出,理论上可以无限次交易,卖空力量要比融券交易大许多,这是交易机制的重大变化。

T+0没能在科创板实施,可能是交易所希望交易机制上尽可能与其他板块保持统一性,不希望科创板在试点期间出现暴涨暴跌现象；也可能是若干年前 T＋0 和无涨跌幅限制的权证交易留下的惨烈情形过于深刻。

涨跌幅没能完全放开，也可能与一些股票一天暴跌 90％ 的非理性下跌有关，跌 90％ 涨回去意味着要涨 900％；无涨跌幅限制下，市场也不会经常出现这种极端情形，但是一旦出现了，对相应投资者就会是巨大的损失。20％ 的涨跌幅限制，已经能够满足绝大多数交易需要了，毕竟再连续涨停或跌停的难度已经很大了(连续 4 个涨停涨幅已经翻番，略小于 10％ 涨幅下的连续 8 个涨停；连续 3 个跌停股价已经腰斩，超过 10％ 跌幅下的连续 6 个跌停)。

（二）简化信披

当前 IPO 招股书厚度已经普遍超过 600 页，招股书被大量论证充斥，大多数文字只是在证明：公司财务是真实的，相关事项是不存在法律风险的；除了论证事项外，还有大段的承诺事项。而对于公司的投资价值是什么、公司的核心竞争力和竞争壁垒是什么、公司经营的驱动因素和风险点是什么、影响公司盈利的因素有哪些、行业空间有多大、行业未来在哪里、直接竞争对手与公司相比的优劣势等投资者关心的问题，因为不是证监会审核重点关注的问题而被一笔带过或东拼西凑抄来抄去。

这样的招股书，不是投资者需要的招股书，只是监管部门需要的招股书。

已经披露的科创板规则体系，尚未涉及信息披露格式准则或指引，还不清楚交易所希望的信息披露内容有哪些。

从已经披露的规则体系的指导思想看，尽管交易所已经加强了"可理解性"的要求："重点关注发行上市申请文件披露的内容是否简明易懂,是否便于一般投资者阅读和理解。包括但不限于是否使用浅白语言,是否简明扼要、重点突出、逻辑清晰,是否结合企业自身特点进行有针对性的信息披露,是否采用直观、准确、易于理解的披露形式等事项。"并可能在审核过程中要求"修改或者删除披露信息",但"充分性"审核要求又可能会要求增加大量的信息披露内容。毕竟审核人员需要免责。

(三)赔偿与诉讼机制

充分的赔偿与诉讼机制是保护投资者的重要手段,也是市场对科创板相关规则体系的关注焦点所在。

尽管科创板规则体系提出了"欺诈发行上市的,可以责令上市公司及其控股股东、实际控制人按规定购回已上市的股份。探索建立发行人和投资者之间的纠纷化解和赔偿救济机制",但这点处罚可能依然是不痛不痒的。

交易所的上市规则提到可以"收取惩罚性违约金",但依然没有明确到底会罚多少,违约金又如何使用,投资者是否能够得到相应赔偿。

证券市场的赔偿与诉讼机制,可能短期内并不是交易所甚至证监会可以改变的事情,科创板规则体系或许也对此事比较无奈,但依然期待监管部门能够持续推动这方面的改革进程。

(四)证监会是否实质性审核

根据已经披露的科创板规则体系,在交易所审核通过后,证监会还要继续审核,而且不只是形式审核,还可以提出反馈意见,可以退回交易所继续审核,也留了口子可以不退回直接不予注册,且不予注册并没有制度要求充分说明理由。

这个制度设计,为证监会保留实质性审核留了空间。理论上的注册制,是以交易所审核为主,证监会审核是形式检查,不予注册只是偶发例外事项。如果证监会仍然保留实质性审核,那么不光是重复审核,也可能达不到政策预期。

(五)中介机构责任边界问题

当前 IPO 审核过程中,存在严重的中介机构责任边界不清问题。监管机构一直强调中介机构要"各司其职、归位尽责",但是所谓"归位",至少得明确位在哪里,才能不越位;所谓"尽责",至少得明确尽的边界,不可无穷尽;所谓"司职",至少得明确各自职责所在。

在已经披露的科创板规则体系内,依然没有见到中介机构对于责任边界的明确界定,出了问题也是一并打板子。

科创板注册制规则体系出台,充分体现了市场化、法制化的改革方向,是证券市场改革的重大突破,也必将对 A 股市场产生重大而深远的影响。

热切期望在相关制度具体落地时,监管部门能控制住窗口指导冲动,把来之不易的改革措施落实到位,为后续发展积累经验和成果。

改革的路要一步步走,重要的是方向正确而坚定,不求一步到位,但求永不止步!

资管新规的颠覆和重塑

唐岫立

经济学博士，高级经济师

资管新规征求意见稿可以说是非常受市场关注的金融管理政策，它不仅涉及持牌金融机构，更触动大量非持牌金融公司利益，是整个金融业务链条的重塑性规则。

大多数人认为，资管新规是 2018 年 4 月 27 日"一行两会一局"共同下发的《关于规范金融机构资产管理业务的指导意见》（银发〔2018〕106 号，以下简称《意见》）。但笔者认为，之前一个月即 3 月 28 日互联网金融风险专项整治工作领导小组办公室函《关于加大通过互联网开展资产管理业务整治力度及开展验收工作的通知》（整治办函〔2018〕29 号简称 29 号文），是资管新规的重要组成部分。29 号文对披着创新金融外衣的非法金融是致命的打击，也为保证《意见》在持牌金融机构能够得以顺利推行清除了"岔道""地道"，因为资管业务链条上非持牌金融公司占据着诸多环节，"裸奔"多年的互联网金融已经是持牌金融机构的重要合作伙伴。

包含 29 号文的资管新规对当下金融业发展的影响是颠覆和重塑性的,表现在以下几个方面。

打破刚性兑付,加强投资者教育

银监会成立以后主导的这一轮中国银行业改革,使得我国银行业持续良性发展十多年。全社会对金融现状的高满意度形成了金融投资无风险的公众意识和预期,也促成了金融产品都是刚性兑付的现实和潜规则。

刚性兑付偏离了资管产品"受人之托、代人理财"的本质,抬高了无风险收益率水平,干扰了资金价格,不仅影响市场在资源配置中的决定性作用,还弱化了市场纪律。

"生于忧患,死于安乐",近几年,投资者冒险投机、金融机构不尽职尽责的现象越来越多,道德风险较为严重。

打破刚性兑付意味着要全面颠覆以往金融资管业务的行业潜规则,树立"卖者尽责,买者风险自负"的市场运行模式。

强调从业资质,严惩非法金融

当前,除金融机构外,互联网企业、各类投资顾问公司等非金融机构开展资管业务也十分活跃,由于缺乏市场准入和持续监管,资金侵占等问题较为突出,甚至演变为非法集资、非法吸收公众存款、非法发行证券,扰乱金融秩序,威胁社会稳定。

《意见》明确提出,资管业务属于金融业务,非金融机构不得发行、销售资管产品。针对非金融机构违法违规开展资管业务的情况,按照国家规定进行规范清理。非金融机构违法违规开展资管业务的,依法予以处罚,同时承诺或进行刚性兑付的,依法从重处罚。

金融机构从事资产管理业务也要符合一定的资质要求,并切实履行管理职责。一是金融机构应当建立与资管业务发展相适应的管理体系和管理制度,保障公司运行良好,风险管理、内部控制和问责机制健全。二是金融机构应当健全资管业务人员的资格认定、培训、考核评价和问责制度,确保其具备必要的专业知识、行业经验和管理能力,遵守行为准则和职业道德。三是对于违反相关法律法规以及《意见》规定的金融机构资管业务从业人员,依法采取处罚措施直至取消从业资格。

阻止金融空转,脱实向虚

金融脱实向虚是金融危机爆发的主要原因之一。种种迹象表明,我国金融脱实向虚问题已经相当严重:一是实体企业贷款难问题没有得到实质性缓解,信贷规模却持续增长,并且表外业务增长过快;二是银行资产荒,资金价格却居高不下;三是中小银行资金业务及信托公司、基金子公司和券商等资管通道业务近年来在总业务中的占比较大,这些业务形成的利润已占据甚至超过半壁江山。

对资管业务杠杆、通道、多层嵌套等的限制,可以通过缩短融资链条,降低融资成本,提高金融服务实体经济的效率和水平的方式,起到限制资金空转的作用。在规范非标投资的同时,为了更好地满足实体经济的融资需求,还需要大力发展直接融资,建设多层次资本市场体系,进一步深化金融体制改革,增强金融服务实体经济的效率和水平。

限制"影子银行",覆盖监管真空

"影子银行"也是金融危机爆发的重要原因之一。目前,各机构资管产品大量投资于非标准化债权资产(简称非标资产),非标资产具有期限、流动性和信用转换功能,透明度较低,流动性较弱,规避了宏观调控政策和资本约束等监管要求,部分投向限制性领域,"影子银行"特征明显。

为此,《意见》规定,资管产品投资非标资产应当遵守金融监督管理部门有关限额管理、流动性管理等监管标准,并且严格期限匹配,避免资管业务沦为变相的信贷业务,防控"影子银行"风险。

实施功能监管,促进市场公平

传统监管遵循"铁路警察各管一段""谁的孩子谁抱走"的规则。针对目前分业监管下标准差异催生套利空间的弊端,按照"实质重于形式"原则实施功能监管,是规范资管业务的必要举措。监管机构与功能监管相结合,并适当强化功能监管,有助于防止监管套利,促进市场公平。

《意见》明确指出,中国人民银行负责对资管业务实施宏观审慎管理,按照产品类型而非机构类型统一标准规制,同类产品适用同一监管标准,减少监管真空,消除套利空间。金融监督管理部门在资管业务的市场准入和日常监管中,要强化功能监管。中国人民银行牵头建立资管产品统一报告制度和信息系统,对产品的发售、投资、兑付等各个环节进行实时、全面、动态监测,为穿透监管奠定坚实基础。同时,要继续加强监管协调,金融监督管理部门在《意见》框架内,要研究制定配套细则,配套细则之间要相互衔接,避免产生新的监管套利和不公平竞争。

摧毁非法金融,重塑金融创新

自余额宝诞生以来,合法金融与非法金融的界限模糊起来。变革创新时代,面对许多新情况、新问题,沿用原有管理标准确有不恰当之处,当然,也存在一些管理者怕承担阻碍创新的责任睁一只眼闭一只眼;一些管理者自身金融专业功底不够,对金融本质把握不准,不敢管;一些管理者被利益集团收买不去管;等等。这些情况被一些初心不正、品质恶劣的人钻了空子,高举创新大旗、大行非法欺诈之实,最终形成了多起互金平台、私募等各色非持牌金融公司跑路、爆雷的金融风险。

金融风险的形成不仅仅是金融政策、金融监管等缺位问题,更深层次的是全社会诚信缺失、违法违规成本较低、守法合规却成本较高的问题。这也是社会上存在已久的"有法不依、执法不严"问题的金融化。

新金融监管对企业投融资的十大影响

管清友

如是金融研究院首席经济学家

任何一个新金融时代的开启,一定伴随着金融监管体系的革新,2018 年 3 月的这次也不例外。

从监管机构来看,"一行三会＋部级协调"整合为新的"一委一行两会"。国务院成立副国级的金融稳定发展委员会,分管金融的副总理亲自兼任主任,填补中央协调机构的空白。央行打破惯例,分设行长和党委书记,易纲以行长身份兼党委副书记,郭树清以党委书记身份兼任副行长。银监会和保监会整合为银保监会,郭树清继续留任,打通央行的宏观审慎和银保监的微观监管。证监会相对调整较小,主要监管直接融资市场。

从监管框架来看,新的金融监管体系进一步明确了"双支柱"框架,即"货币政策＋宏观审慎"。前者服务于传统的增长通胀等目标,后者主要是防范金融风险,这是目前国际上最新的监管趋势。新监管框架有三点基本原则:一是引导金融回归本源、服务实体经济;二是推进金融去杠杆、防控金融风险;三是深化金融改革,加大金融开放力度。

从监管措施来看,围绕中央金融整顿的总要求,各方的落实明显比过去要实在,力度也更大。我们看到了"一行两会一局"的资管新规,证监会的再融资、并购重组、减持新规,银监会的"三违反三套利四不当"治理,财政部的 50 号文、87 号文、92 号文、23 号文,这些监管措施基本上把过去几年的歪路给堵死了,金融监管并不是纸上谈兵,这超出了很多市场人士的预期。

从监管方向来看,重点是治理过去几年积累的突出问题。一是打破刚性兑付。刚兑是畸形的债务关系,很多不应该是债务关系的金融活动要回归本源。银行理财不能向投资者刚兑,发债企业没必要向投资者刚兑,政府也没必要给金融机构兜底,名股实债。二是打击监管套利业务行为,比如代持、嵌套、通道、非标等业务。以往为规避监管机构对资本金、风险敞口、杠杆等方面要求,银行和非银机构合作搞起了通道、多层嵌套等业务,用表外非标代替表内,拉长了金融链条,增加了融资成本,现在监管要杜绝这类监管套利行为,恢复宏观调控和监管的有效性。

对企业来说,金融监管体系的巨变并不遥远,企业的任何一项经营活动都离不开金融,而任何一项金融活动都需要通过金融机构的金融业务去完成,当监管之火烧遍金融机构的时候,千万不要怀有隔岸观火的心态,因为每一把火都可能通过金融机构烧到自家企业,我们必须有所准备。结合上面的监管体系,目前新金融监管对实体企业的影响突出体现在以下几个方面:

第一,IPO 难度加大,过会率降低。2017 年 IPO 过会率为77%,2018 年过会率只有 56%,大幅下降。2017 年 11 月 29 日甚至出现过 3 家全否、IPO 零通过的纪录。审核节奏也逐渐放缓，2018 年前四个月发行批文数量和筹资总额相较于 2017 年同期分别下降 75％、50％，分别为 39 家、403 亿元。可见，IPO 审核越来越严，难度不断提高。而且 IPO 新政规定 IPO 被否企业作为标的资产至少三年才可借壳上市，导致不少企业纷纷撤单，目前已有100 多家企业撤单，撤单数约为 2017 年全年的八成。这些企业要么转向借壳上市，要么转向海外。值得关注的是，虽然 IPO 审核放缓，但对新经济企业的支持力度前所未有，致力于新能源动力电池研发的宁德时代 IPO 过会只用了 5 个月，利好新经济企业。

第二，独角兽回归有了新路，但门槛在提高。为引导独角兽回归，证监会出台新政，允许海外上市的独角兽规避法律、VIE 架构等问题通过发行股票或 CDR 方式重回国内，使国内的投资者也可以分享到独角兽成长的红利。但是最新的试点意见要求该类企业的市值不低于 2000 亿人民币，仅有腾讯控股、阿里巴巴、中国移动、百度、京东、网易、中国电信七家海外上市企业可以满足要求，独角兽回归门槛提高，难度加大。

第三，新三板红利期结束，要分蛋糕没那么容易了。新三板自推出以来快速发展，截至 2017 年年底已有 11630 家挂牌企业，市值近 5 万亿元，约为 A 股的十分之一，但整体流动性不佳，日均成交量不足 10 亿元，不到 A 股日均成交量的百分之一，严重影响后续企业挂牌的积极性，挂牌公司增速由 2014 年的 341.57％下滑到 2017 年的 14.43％。新三板分层制度实施后，内部出现明显分化。2017 年数据显示，创新层平均每家挂牌企业成交额是基础层的 7.99 倍，融资额是基础层的 5.83 倍。新的监管环境下，资金将会向创新层进一步集中,头部效应更加明显。对于中小微企业而言,新三板仍是一种重要的融资渠道,但需要考虑后续的流动性,如果能满足创新层的盈利、收入和市场活跃度要求,还可以进入创新层,基础层现阶段性价比不高。

第四,再融资市场更加规范,定增降温需要新的方式。2017年,证监会先后发布再融资新规,规范再融资市场:一是规模限制,要求非公开发行不超过总股份的 20%;二是频率规定,间隔不少于 18 个月;三是募资投向说明,要求最近一期无交易性金融资产和财务性投资。但主要是针对增发、配股,发行可转债、优先股不受期限限制。过去由于条件宽松,定价时点选择多,发行失败风险小,定增成为绝大部分上市公司和保荐机构的首选再融资品种。2010—2017 年,定增市场募资总额接近 5 万亿元。新规出台后,再融资结构有所优化,最为常用的是定增"降温",2017 年起定增市场募资额开始下降,较 2016 年下降了 25%,可转债、优先股等其他再融资方式逆势崛起,受到市场青睐。

第五,股权质押进一步规范,股东加杠杆多了更多的束缚。股票质押是企业重要的融资渠道,在 A 股中有 3000 多只股票有未解押的股票质押式回购,占 A 股数量比例超过 99%。2017 年以来,股票质押风险频发,部分质押方甚至将资金重新投入二级市场,资金风险高企。针对这些乱象,股票质押新规出台,设置了许多硬性条件:一是总体质押比例不超过 50%,并对单一证券公司、单一资管产品作为融出方可接受的质押比例进行限定。二是严控资金投向,严禁投向二级市场及其他禁止方向。三是对融资规模的规定,根据三级分类评价不得超过公司净资本的 50%、100%、

150％,质押率上限不得超过 60％等。这实际上是在给企业去杠杆。

第六,并购重组趋严,"蚂蚁吞象"的资本游戏不好玩了。证监会总体上还是鼓励并购重组的,但也在加大力度规范。2017 年并购重组新规监管趋严,重点打击"忽悠式""跟风式"重组及利用高送转股票、高杠杆收购等题材炒作,侵害中小投资者利益的市场乱象。如 2017 年龙薇传媒高杠杆收购万家文化案,这场收购的总资金为 30 亿元,龙薇传媒除自有资金 6000 万元外,剩余资金都是借入,杠杆比例高达惊人的 51 倍,监管机构当然不可能坐视不理。结果不仅这个融资方案未获银行批准,收购计划流产,而且还受到了证监会的行政处罚。证监会对"忽悠式""跟风式""高杠杆"及盲目跨界重组越来越警惕,上市公司在并购的时候要更加小心。但也必须注意,有利于产业升级和行业有效整合的并购还是未来的趋势。

第七,严格限制杠杆,并购基金不好玩了。并购基金的优势是通过结构化设计、回购承诺安排等方式降低资金成本。资管新规出台后,限制多层嵌套,禁止大股东通过质押私募基金份额、使用银行贷款等非自有资金融资,有效地控制了并购基金的杠杆和规模,进而限制了企业的投融资规模。打破刚兑,使得风险暴露,增加了外部投资者的风险,减少了并购基金对投资者的吸引力,从而导致并购基金急剧缩量。2017 年设立超过 130 只并购基金,发行规模达 1700 亿元。2018 年资管新规出台之后,2018 年第一季度仅募集 15 只并购基金,募资总规模为 164.49 亿元,不到 2017 年的十分之一。

第八,加强银行委贷管理,房地产、地方平台融资受限。过去5年来,银行委托贷款高速发展,激增10倍,总规模高达14万亿元。大量的银行理财资金通过借道证券公司或基金子公司对接到定向或者专项资产管理计划,最终以委托贷款的形式投向房地产、地方融资平台等领域。但商业银行委托贷款管理办法出台后规定受托管理的他人资金不能作为委托贷款的资金来源,需要去通道化,不能资金多层委托,严重影响了房地产、地方平台通过通道的委贷融资。

第九,财政监管打击名股实债,以杠杆充当资本金的融资形式行不通了。固定资产投资项目实行资本金制度,资本金多为项目规模的20%～30%,只有落实资本金才能进行项目建设。在非标兴起的年代,由于项目资本金融资体量大,而且多为名股实债,风险较小容易审批,是备受非标青睐的投资标的,但在财政部92号文《〈关于规范政府和社会资本合作(PPP)综合信息平台项目管理的通知〉解读》中要求“不得以债务性资金充当资本金”后,小股大债的投资方式不可持续,随后资管新规规范资金池运作方式,大部分资金被切断,但银行自营资金还有部分投资空间,财金23号文则直接禁止将债务性资金作为资本金,要按照“穿透原则”加强资本金审查,资本金融资宣告终结,只剩下资本金真股权投资了。

第十,债券违约频现,债券发行不那么容易了。随着金融去杠杆趋严,货币政策趋紧,加上打破刚兑导致违约事件频发,债券市场的好日子到头了,企业发债融资也不再那么便宜、那么容易了。2018年年初至2018年6月又有19只信用债违约,违约金额合计171亿元,就连曾经资质优良的发行主体都接连“爆雷”,富贵鸟、凯迪生态、中安消、神雾集团等民营上市公司接连出现违约现象，中科金控、天房集团等国营上市公司也出现信托贷款逾期现象或被提示风险，导致信用风险溢价加大，发债成本提升，甚至是无人认购。截至 2018 年 5 月，已有近 2000 亿元的债券推迟或取消发行，近期一家很知名的上市公司拟发行 10 亿元公司债，结果仅认购了 0.5 亿元，流标率高达 95％，过去火爆的债券市场正在大幅降温，发债融资的好日子过去了。

新的金融监管时代已来，目前看到的不是尾声，而是序曲，未来强监管必将成为金融体系的常态，也是每一个企业家必须面临的挑战。打铁还需自身硬，学习和理解政策在这个时代显得尤为重要。

第六辑

深化金融供给侧改革

从攫取到共容:一个新的金融改革分析框架

赵昌文

国务院发展研究中心产业经济研究部部长

朱鸿鸣

国务院发展研究中心金融研究所研究员

一个基本问题

若坚持问题导向的改革方法论,金融改革的研究者必须首先回答一个基本问题。它可以表述为如下两种方式:

第一种方式是,对于整个经济系统而言,当前中国金融体系存在的最主要问题是什么?

第二种方式是,对于整个经济系统而言,当前中国金融体系的本质属性是什么?

对于这一问题的回答可谓众说纷纭,仁者见仁,智者见智。归纳起来,大致有三类观点。

第一类观点并不认为当前金融体系存在重大问题。一方面,上一轮金融改革取得了巨大成就,面对全球金融危机的冲击安然无恙,中国金融业的各项指标均为历史最好,甚至在全球也是一枝独秀。另一方面,与发达经济体或新兴经济体相比,中国金融体系还具有便于宏观调控、集中力量办大事和维护金融稳定等优点。不过,随着近年来经济增速的放缓和金融风险的隐现,持此种观点的人已经越来越少。大部分人认为中国金融体系存在必须予以解决的重大问题。

第二类观点认为,中国金融体系存在的最主要问题是金融效率问题。集中体现为金融服务实体经济效率不高,即"对实体经济的支持还不够及时有力,金融业的服务能力和水平与经济社会发展需要相比还有不少差距"[①],甚至体现为"金融机构服务的能力现在越来越弱"[②]。这类观点是当前的主流观点。

第三类观点认为,金融稳定问题是中国金融体系存在的最主要问题。集中体现为金融领域存在不可忽视的潜在金融风险。随着全社会杠杆率快速提升,经济进入"新常态",各类隐性风险逐步显性化,这类观点的影响力正在显著增加。

对以上基本问题的不同回答决定了不同的改革取向。回答的正确与否直接决定了金融改革的基本取向是否正确。我们认为,若将视野仅限定在金融体系内的话,以上三类观点均从不同侧面

[①] 《温家宝在全国金融工作会议上讲话节选》,《人民日报》,2012 年 1 月 30 日。

[②] 《中信证券董事长王东明在清华五道口全球金融论坛上的讲话》,《新浪财经》,2014 年 5 月 11 日。

反映了金融领域的现状和问题。其中,第二类观点,即将金融体系的主要问题概括为金融效率问题的观点是较为准确的。不过,若将视野拓宽至整个经济系统,以上答案均存在较大缺陷。为了说明这一问题,有必要引入金融观。

三种金融观

金融观是人们对金融的总的看法和根本观点。在本文中,我们将金融观界定为人们对金融与经济的其他系统,特别是金融与实体经济之间关系的总的看法和根本观点。

(一)金融中心主义与金融合作观

改革开放 40 多年来,随着经济、金融发展阶段的变化,我国先后出现了两种主流的金融观。

第一种金融观可以称之为金融中心主义,可借用邓小平同志的话来概括其内涵。1991 年年初,小平同志在视察上海时曾讲过:"金融很重要,是现代经济的核心。金融搞好了,一着棋活,全盘皆活。"[1]金融中心主义对金融之于经济增长的重要性有充分的认识,强调金融在整个经济系统中的核心地位。金融中心主义的一个推论是金融发展与经济增长之间存在显著正相关关系乃至因果关系。这一推论在全球金融危机之前,得到了国内外许多学术文献的实证支持。经济学家戈德史密斯在 1969 年出版的《金融结

---

① 《邓小平文选》第 3 卷,北京:人民出版社 1993 年版,第 366 页。

构与金融发展》一书中利用 35 个国家的数据,首次定量研究了金融发展与经济增长的关系,发现两者呈现正相关关系。这成为当时的全球性主流观点。以美国为例,当时的基本信念便是对华尔街有利的就是对整个国家有利的。

我国上一轮金融改革深受这一金融观的影响。在这一金融观的指导下,上一轮金融改革取得巨大成功,推动了经济的超高速增长。此外,中国许多城市争相建设金融中心,根据《人民日报》2011年 7 月 20 日的报道,至少有 30 多个城市提出要建设金融中心,许多地区将金融业定位为支柱产业或战略性产业,所秉承的也是这一金融观,其目的在于以金融业驱动当地经济发展。

第二种金融观可以称之为金融合作观,强调金融与实体经济之间的合作关系或相互依存性。一方面,金融对实体经济具有依存性,金融自身的发展需要通过不断提高服务实体经济的能力来实现,需要以实体经济的健康发展为前提。另一方面,实体经济对金融也具有依存性,一个稳健、高效的金融体系是实体经济持续健康发展的前提。可见,金融合作观既认可金融中心主义关于金融之于经济系统的重要性,也强调实体经济对于金融体系的重要性。

金融合作观有两个推论:一是金融发展与经济增长之间存在显著正相关关系;二是金融危机或金融不稳定会给经济产出造成巨大损失。这两个推论既符合人们的直观感知,也得到国内外学术文献的实证支持。在应对和反思全球金融危机的过程中,这种金融观的影响力越来越大,目前已成主流,对当前金融改革的研究和方案设计产生了深刻影响。目前关于中国金融改革的大多数方案或建议均是基于这一金融观设计的,其着眼点在于提高金融服务实体经济的效率。

以上两种不同时期的主流金融观均带有明显的时代烙印,在当时均具有充分的合理性。金融中心主义是在金融"没有发展过度",甚至是金融基础非常薄弱时代下的金融观。当时,金融是制约经济发展的瓶颈环节,搞好金融便可极大释放经济增长潜力。金融合作观则是金融过度膨胀时代和全球金融危机背景下的金融观。在这种情况下,金融已经开始挤压实体经济的发展空间,金融的无效率膨胀并不能支撑实体经济的持续健康发展。

相比较而言,金融合作观是更为全面的金融观。金融合作观继承和发展了金融中心主义,是在近 20 多年来的经济金融实践中,特别是发生了全球金融危机后,人们对金融与实体经济关系认识不断深化的结果。尽管如此,金融合作观仍然存在一定局限性,并未全面刻画金融与实体经济的关系。在此基础上设计的金融改革方案难免会有所偏颇。为此,我们提出第三种金融观——金融竞合观,旨在更全面、准确地刻画金融与实体经济之间的关系,为金融改革的方案设计提供理论基础。

(二)金融竞合观

金融竞合观是基于矛盾分析法的金融观。这一金融观有四大核心内涵:

首先,金融竞合观认为,一方面,金融和实体经济之间具有合作关系,两者相互依存,可以通过对方的发展使自己获得发展。这种同一性用矛盾论的术语来讲,就是金融与实体经济具有同一性。两者之间的同一性不仅体现为"金融发展的根基是实体经济,离开了实体经济,金融就会成为无源之水,无本之木","百业兴则金融兴,百业稳则金融稳"①,还体现为金融稳定是金融有效服务实体经济的前提,离开了金融稳定,为实体经济服务就是空中楼阁,镜花水月。换言之,两者之间的同一性既体现为金融效率问题,也体现为金融稳定问题。

另一方面,金融和实体经济之间又具有竞争关系。两者相互竞争、相互排斥,对方的发展可能会阻碍自己的发展。

可以从四个方面来把握这种竞争关系。一是对创新要素的竞争。作为两大类独立的经济部门,为了生存和发展,两者会在获取人才、资本、企业家才能等稀缺的创新要素方面展开竞争。二是对政策的竞争。两者利益并不完全一致,属于不同的利益集团,都会对决策部门施加影响,以便政府实施有利于己方但可能不利于对方的政策。三是对利润的竞争。熊彼特认为,利息来源于利润,实体经济融资成本的高低就体现了两者在利润分配竞争时的相对地位。四是金融体系可能会对非金融企业施加影响,使其做出有利于金融业利益而不利于企业长远利益的决策。针对这一观点,哈佛商学院助理教授高塔姆·穆昆达列举了波音公司的案例,认为波音公司迫于金融市场的压力,做出了过度外包和减少研发投入的决策以提高短期财务绩效,而这有损公司的长期发展。哈佛大学商学院教授、创新专家克莱顿·克里斯坦森也认为,CEO 们对股东是负有责任的,在华尔街压力的影响下,他们需要去实现盈利目标。但是,创新通常是在初期收益低,但在长期内却收获丰厚。

---

① 《王岐山强调保持金融稳健运行》,《中国证券报》,2010 年 7 月 9 日。

值得注意的是,对于不同金融体系而言,其与实体经济的竞争关系并不一定在以上四个方面均有显著表现。

其次,金融竞合观认为,金融与实体经济这对矛盾有其主要方面和次要方面。在某一阶段内,若金融与实体经济之间的关系主要体现为两者对各类要素或实体经济收益的争夺上,若金融业对政策制定及非金融企业行为施加了过多的不当影响,矛盾的主要方面是两者的竞争性,两者的合作性便是矛盾的次要方面。若两者的关系主要体现为相互依存,无论金融服务实体经济能力的强与弱,无论金融风险的大与小,矛盾的主要方面均为两者的合作性,次要方面则为两者的竞争性。

经历了上一轮成效显著的金融改革后,中国金融业获得了长足发展,行业规模快速膨胀,资产质量得到实质性提升,改变了经济系统内的报酬结构,行业利润及利润率高企,行业平均薪酬也远远高于实体经济平均水平,金融业对各类要素的吸引力或竞争力大大超过其他行业。同时,由于金融体制、金融结构和市场结构等方面的原因,金融业在实体经济收益的分配上也占据优势地位。可以说,现阶段金融与实体经济矛盾的主要方面是两者之间的竞争关系。具体表现为:金融业"发展过度",吸附了过多的资源,导致人才、企业家才能、资本等生产要素乃至创新要素"脱实向虚",与此同时,实体经济融资成本居高不下,实体经济的发展空间受到挤压。

再次,金融竞合观认为,金融与实体经济矛盾的主要方面和次要方面可以随经济金融环境的变化而相互转化。回顾近 20 多年来金融与实体经济关系的演化历程可以发现,在上一轮金融改革之前乃至改革启动后的一段时间内,矛盾的主要方面还是金融与实体经济之间的合作关系,金融的发展和金融体系稳健性的增强促进了经济的高速发展。当时,尽管金融与实体经济之间也存在竞争关系,但仅仅是矛盾的次要方面。到了 2008 年左右,矛盾的主要方面才由先前的合作关系转化为竞争关系。

值得注意的是,虽然现阶段金融与实体经济矛盾的主要方面是两者之间的竞争性,但如果金融风险过度累积乃至发生系统性风险,矛盾的主要方面将由竞争关系转化为合作关系。一方面,若金融风险过度累积乃至爆发系统性风险,金融体系将丧失其基本功能,实体经济难以获得基本的金融服务,合作性自然成为矛盾的主要方面。另一方面,若大规模金融危机爆发,金融业的行业利润、行业平均薪酬和行业吸引力均将出现大幅度下降,"脱实向虚"的状况得以逆转,竞争性自然退居矛盾的次要方面。此外,若新一轮金融改革成功地解决了金融"发展过度"问题,矛盾的主要方面将再次转化为两者的合作性。

最后,金融竞合观认为,金融体系的本质"主要地是由取得支配地位的矛盾的主要方面所规定的"[1]。

金融竞合观强调,要辩证地、全面地看待金融与实体经济之间的对立统一关系。其推论是,金融发展与经济增长的关系不是简单的线性关系,而是倒 U 形关系。换言之,金融发展需要适度,存在一个最优值或最优区间。在超出最优区间之前,金融处于"没有发展过度"的状态,矛盾的主要方面是合作性,金融发展与

---

[1]　毛泽东:《矛盾论》,北京:人民出版社 1952 年版。

经济增长是正相关关系。超出最优区间后,金融便处于"发展过度"状态,矛盾的主要方面由合作性转化为竞争性,金融发展与经济增长的关系转变为负相关关系。这一推论越来越多地得到全球金融危机爆发后的最新文献的支持。尽管在全球金融危机之前,也有少数文献关注金融发展与经济发展的非线性关系,但并没有得出金融发展程度超出某一限度后,金融发展与经济发展呈负相关关系的结论。比如阈值回归(threshold regression)模型研究了金融深度和经济增长之间的关系,发现在金融深度低的情况下,金融深度与经济增长之间正相关但不显著,但对于金融或经济发展水平较高的国家,金融深度与经济增长之间呈现显著正相关关系。又如有研究人员区分了三类地区来研究金融发展和经济发展之间的关系,结果发现对于金融发展水平低的地区,金融发展与经济增长之间并没有显著相关关系;对于金融发展水平中等的地区,两者之间存在很强的正相关关系;对于金融发展水平较高的地区,两者尽管仍然存在显著正相关关系,但关系较弱。全球金融危机之后,国际货币基金组织和国际清算银行所做的相关研究取得了明显突破。研究发现,当私营部门信贷占 GDP 比重超过100%之后,金融对经济增长的效应开始为负。无论是发达国家还是发展中国家,金融发展水平与经济增长之间都呈现倒 U 形关系,超过一定限度之后,金融便会拖累经济增长;对于发达国家,快速增长的金融部门对于经济总产出而言是不利的。对于金融过度发展对经济增长的拖累,原因在于金融部门与非金融部门就稀缺资源展开了竞争。金融诅咒(finance curse)的概念认为,超过了一定限度后,金融部门的增长会从多个方面损害其所在国家的利益,包括降低长期经济增速,加剧不平等,丧失创造力和企业家精神,等等。

(三)金融竞合观下的金融体系:"攫取性"金融体系

基于金融竞合观,我们此时可以对前文提出的基本问题做出新的回答:

第一,对于整个经济系统而言,当前中国金融体系存在的最主要问题是金融业相对过于强大或"发展过度",在导致过多创新要素错配至金融行业的同时,还侵蚀了实体经济的收益,进一步增强了金融体系攫取创新要素的能力。

第二,对于整个经济系统而言,当前中国金融体系的本质属性是"攫取性",当前金融体系本质上是"攫取性"金融体系(extractive financial system)。之所以采用"攫取性"而非"汲取性"或"榨取性"来概括中国当前金融体系的特征,原因在于"汲取性"这一表述过于中性,无法反映当前金融体系的弊端或负外部性;而"榨取性"的表述则过于贬义,是对当前金融体系的全盘否定,也不符合实际。

"攫取性"在中国的经济社会系统中是广泛存在的。在本文中,"攫取性"是一个纯经济学词汇,用来描绘一种很强的负外部性。在经济社会领域中,若某部门的规模或收益(率)超过了合理水平,使大量创新要素过度流向该部门,从而导致整个经济系统资源配置效率的显著恶化,该部门就具有"攫取性"属性。

四种金融改革模型

（一）金融改革的一维模型

金融竞合观认为，当前金融与实体经济矛盾的主要方面是竞争性，金融体系表现为"攫取性"。金融改革的任务就是着眼于金融与实体经济之间的竞争性，着力消除金融体系的"攫取性"。为此，我们首先引入"攫取性—共容性"维度，构建金融改革的一维模型。

根据"攫取性—共容性"维度，金融体系可划分为两类："攫取性"金融体系和"共容性"金融体系。若金融"发展过度"，则金融的负外部性很强，金融的发展以牺牲实体经济的发展为代价，此时的金融体系为"攫取性"金融体系。与"攫取性"金融体系相对的是"共容性"金融体系。这种状态下金融适度地发展，不会造成生产要素显著地"脱实向虚"，不会对实体经济产生明显的负外部性。

需要说明的是，"攫取性—共容性"维度并不能完全概括金融与实体经济之间的竞争关系。"共容性"是两者竞争关系处于和谐的一种状态，"攫取性"是两者竞争关系中金融业处于优势地位的一种状态。除此之外，理论上还应该有一种状态，即实体经济处于优势地位或金融处于劣势地位。经过上一轮金融改革后，中国已经脱离了这一状态。

一维模型下，金融改革的核心问题是处理好金融与实体经济之间的关系，而不是金融体系本身。考虑到当前金融与实体经济矛盾的主要方面是金融业过度发展严重挤压了实体经济的发展空间,中国金融改革的目标就是建立共容性金融体系。改革路径则是由左向右移动,即由"攫取性"金融体系转型为"共容性"金融体系(见图6-1)。在"攫取性"金融体系下,金融改革或金融发展的第一要务不是服务实体经济,而是不损害实体经济。

图6-1 金融竞合观下金融改革的一维模型

从金融竞合观的视角看,一维模型关注的是金融与实体经济矛盾的主要方面,坚持了重点论,大致指出了改革目标和相应的改革路径。不过,该模型没有考虑两者矛盾的次要方面,没有坚持两点论。因而,一维模型较为简略,改革目标和改革路径在模型中体现得不够明确。为此,有必要在模型中引入可以反映金融与实体经济矛盾次要方面的维度,构建金融改革的二维模型。

(二)金融改革的二维模型

与一维模型相比,金融竞合观下的二维模型引入了市场化维度,反映了两者合作关系中的金融效率。借助二维模型,我们可以将金融体系进一步细分为四种不同类型,并指出从攫取到共容的更为具体和明确的目标与路径。

根据"攫取性—共容性"和市场化这两个维度,我们可以构造一个矩阵。这个矩阵将金融体系划分为四类:市场化不足的"攫取

性"金融体系、市场化充分的"攫取性"金融体系、市场化不足的"共
容性"金融体系和市场化充分的"共容性"金融体系(见图6-2)。

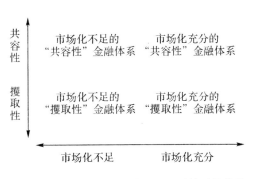

图6-2　金融竞合观二维模型下金融体系的分类

　　第一类金融体系是市场化不足的"攫取性"金融体系,位于图
6-2 的左下方。这类金融体系市场化程度不足,竞争不充分,金融
服务实体经济效率相对较低。与此同时,这类金融体系由于市场
化不充分及其他方面的原因,相对于实体经济而言又发展过度,对
实体经济的发展存在很大的负外部性。当前中国的金融体系就可
以归于此类。

　　第二类金融体系是市场化充分的"攫取性"金融体系,位于
图 6-2 的右下方。一方面,这类金融体系已充分市场化,竞争充
分,金融效率相对较高;另一方面,由于过度市场化或金融监管缺
位,金融体系过度膨胀,对实体经济的发展产生很大的负外部性。
20 世纪 80 年代后至全球金融危机之前的美国和英国的金融体系
以及 20 世纪 20 年代的美国金融体系可以归于此类。

　　第一类和第二类金融体系均属于"攫取性"金融体系。共同点

在于对实体经济构成"挤出效应",负外部性大。不同点在于两者攫取性的成因不同:前者的主要原因在于市场化程度不足;后者的主要原因在于金融业规模过度膨胀,金融业过度膨胀的重要原因是市场化过度或监管不足。相较而言,后者在服务实体经济的效率方面表现稍好。

第三类金融体系是市场化不足的"共容性"金融体系,位于图6-2 的左上方。这类金融体系的金融适度发展,负外部性小,与实体经济之间关系较为和谐。但是,由于市场化程度不足,金融服务实体经济的效率或金融功能的发挥显得不够。美国"大萧条"后至20 世纪 80 年代金融自由化之前的金融体系便可以归于此类。中国上一轮金融改革后至 2007 年左右的金融体系也可以归于此类。

第四类金融体系是市场化充分的"共容性"金融体系,位于图 6-2 的右上方。这类金融体系是理论上的最优金融体系。从矛盾分析法来看,共容性市场化金融体系是对立的统一,金融与实体经济关系存在着完美的关系。但是,对立的统一是有条件的、暂时的、相对的。因此,绝对的共容性市场化金融体系并不是一个稳态,因而仅仅是一个理论上的最优模式,也是中国金融改革的目标模式。一方面,金融适度发展,负外部性小,与实体经济之间具有和谐的关系,金融发展的本身不对经济增长构成阻碍。另一方面,金融服务实体经济的效率又较高,金融发展可以促进经济增长。当前德国的金融体系可基本归入此类。实际上,美国《多德—弗兰克华尔街改革和个人消费者保护法案》的改革目标就是要将美国金融体系由市场化充分的"攫取性"金融体系改造为市场化充分的"共容性"金融体系。

　　第三类和第四类金融体系均属于"共容性"金融体系。共同点在于，金融对实体经济的负外部性很小，金融发展本身不对经济增长构成障碍。不同点在于，后者服务实体经济的效率更高。不过，在"金融是产业的仆人"观念下，这两类金融体系并没有本质差异。

　　由于金融与实体经济矛盾的主要方面和次要方面的相互转化，以上四类金融体系之间也是可以相互转化的。考虑到货币和金融的自我膨胀性，金融体系具有由"共容性"蜕化为"攫取性"的天然倾向。值得注意的是，在包括美国在内的许多发达经济体的金融体系从"共容性"到"攫取性"的蜕变过程中，市场化起到了很重要的作用。这并不是说对于中国而言，金融体系要实现攫取到共容的转变，不能依靠市场化的手段；相反，考虑到中国"攫取性"金融体系形成的特殊原因，进一步推动市场化也是由攫取向共容转变的必要路径。

　　金融竞合观二维模型下，金融改革需要解决两大问题。一是要解决金融与实体经济的竞争性问题，二是要解决金融与实体经济的合作性问题。从资源配置视角看，解决两者的竞争性问题就是解决好资源的"初次配置"问题，实现整个经济系统的资源在金融与实体经济这两大类独立部门之间合理配置；解决两者的合作性问题就是解决好资源的"再配置"问题，实现金融资源在不同实体经济部门之间合理配置。

　　金融竞合观下，可将资源配置划分为两个环节："初次配置"和"再配置"。其中，"初次配置"是要素在金融与实体经济之间进行配置，"再配置"是指资源通过金融体系在不同实体部门之间进行配置。

根据图 6-2 所显示的划分金融体系的矩阵图,作为现状的"此岸"是市场化不足的"攫取性"金融体系;作为改革目标的"彼岸"是市场化充分的"共容性"金融体系。根据矩阵图,可以发现从"此岸"到"彼岸"的三条不同的改革路径(见图 6-3)。

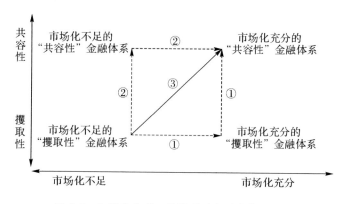

图 6-3　金融竞合观二维模型下金融改革的路径

第一条路径是首先进行市场化改革,然后再实现从"攫取性"到"共容性"的转变,在图 6-3 中表现为右下方直角三角形的两条直角边。这一改革路径是先从金融与实体经济矛盾的次要方面着手,着眼于金融系统内部,通过提高金融体系的市场化程度和竞争程度,着力解决金融效率不高的问题。然后,再着眼于整个经济系统,从矛盾的主要方面着手,通过处理好金融与实体经济之间的关系,着力解决金融过度发展的负外部性问题。目前的不少金融改革方案较少关注金融的负外部性,只强调提高金融服务实体经济的效率。在金融竞合观二维模型下,它们一定程度上属于这一改革路径。不过,这些方案并没有第二阶段的改革设计,即没有考虑市场化改革后需要进行从攫取到共容的转变。虽然这一路径非常契合市场化改革的导向,具有广泛共识,同时也有利于提升金融资源的配置效率,但是,潜在的弊端也是很明显的。它并没有解决当前金融体系存在的主要问题,而只会加剧金融与实体经济格局的失衡程度。在充分市场化之后,过多的社会资源在"初次配置"时仍将被汲取到金融领域,很可能进一步导致整个经济系统资源配置效率的降低。值得说明的是,只考虑市场化,还可能进一步加剧金融体系的攫取性,从而产生更大的负外部性。从金融竞合观看,这一改革路径没有抓住事物的本质,没有从矛盾的主要方面着手,很可能弊大于利。

第二条路径是先实现从"攫取性"到"共容性"的转变,然后再进行市场化的改革,在图 6-3 中体现为左上方直角三角形的两条直角边。这一改革路径是先从当前金融与实体经济矛盾的主要方面着手,通过处理金融与实体经济的竞争性,着力减少金融的负外部性,抑制"脱实向虚"问题。在实现从"攫取性"到"共容性"的转变后,取得支配地位的矛盾的主要方面将发生转化,由竞争性转化为合作性,金融服务实体经济效率不高成为金融体系的主要问题。此时,再从解决该阶段的矛盾的主要方面着手,通过提高市场化程度,着力提高金融服务实体经济的效率。这一改革路径的优势在于可以抑制"脱实向虚",解决当前金融体系存在的突出问题。但是也有弊端,在不推进市场化改革的情况下来提高"共容性",便难以从根本上提高金融服务实体经济的效率。加之,中国"攫取性"金融体系之所以形成的一个关键原因便是市场化不足,集中表现为利差保护和准入限制。所以,脱离市场化,单纯地推动由攫取向共容的转变，并不具备可行性。即便采取非市场化手段(如强制性低利率贷款、加税、限薪等)实现了由"攫取性"到"共容性"的转变，该"共容性"金融体系也是以大量牺牲效率为代价，同时，也并不具备可持续性。从金融竞合观看，这一改革路径虽然抓住了事物的本质，从矛盾的主要方面着手，坚持了"重点论"，但是也忽略了矛盾的次要方面，没有坚持"两点论"。因此，这一改革路径虽然较第一条改革路径更优，但在理论上也是次优选择。

第三条路径是同时进行从"攫取性"到"共容性"的转变和市场化改革，在图 6-3 中体现为正方形的对角线。根据以推进市场化为主导还是以推动攫取向共容的转变为主导，这一改革路径又可以细分为三类：

第一，以推进市场化为主，以推动"攫取性"到"共容性"的转变为辅，同时推动。这条路径是第一条改革路径的"升级版"。从金融竞合观看，虽然一定程度上兼顾了"共容性"金融体系这一改革目标，但是由于没有把握好矛盾的主要方面，仍然很可能是弊大于利。

第二，不分主次，以同等力度同时推动。从金融竞合观看，这条路径没有区分矛盾的主要方面和次要方面，属于"眉毛胡子一把抓"。从理论上看，这并不是最优选择。

第三，以推动"攫取性"到"共容性"的转变为主，以推进市场化为辅，同时推动。这条路径是第二条改革路径的"升级版"。从金融竞合观看，这条路径是理论上的最优路径。一方面，以从"攫取性"到"共容性"的转变为主，是着力于当前矛盾的主要方面，首先解决了金融的负外部性或"脱实向虚"问题。另一方面，也推动了市场化进程,兼顾了矛盾的次要方面。此外,考虑到中国"攫取性"金融体系的形成原因,市场化本身也有利于增强"共容性"。

(三)金融改革的三维模型

在金融竞合观下,要全面刻画金融体系,实际上需要"攫取性—共容性"、金融效率或市场化、金融稳定三个维度。"攫取性—共容性"所刻画的是两者之间的竞争关系或相互排斥性;金融效率和金融稳定所刻画的是两者之间的合作关系或相互依存性。其中,金融效率刻画的是金融对实体经济的依存性,即金融需要以服务实体经济为根基;金融稳定刻画的是实体经济对金融的依存性。

与金融竞合观的二维模型相比,三维模型增加了金融稳定维度。实际上,金融竞合观的二维模型是隐含了金融稳定这一假设的,认为金融风险不是金融体系的主要问题。目前,尽管金融领域已累积了不可忽视的潜在金融风险,但这一隐含假设仍是合理的。一方面,金融风险的累积仍在可控范围;另一方面,金融体系也有较高的抗风险能力。因此,相较而言,金融体系的共容性和金融效率的提高是更具优先顺序的金融改革目标。

之所以引入金融稳定维度构建金融改革的三维模型,有两方面的原因。首先,矛盾的主要方面可能会随经济金融环境的变化而发生转化。尽管当前中国金融体系的本质属性是"攫取性",但如果金融风险持续累积到严重危及金融稳定的程度,矛盾的主要方面将发生转化,由金融与实体经济之间的竞争关系转化为两者之间的合作关系,转化为金融体系不能为实体经济发展提供一个稳定的金融环境。此时,金融体系的本质属性也就由"攫取性"变为不稳定性,"攫取性"退居为第二属性,金融改革的主要目标便转化为提高金融稳定性。在这种情况下,图 6-3 所展示的路径将是不完全的。其次,金融改革过程中需要做好风险管理,需要以金融的基本稳定为前提。

为了让模型简洁并易于理解,本文的三维模型是一个由图 6-4和图 6-3 构成的两阶段模型。当金融稳定成为矛盾的主要方面时,金融改革着力于维护金融稳定,使不稳定的金融体系向稳定的金融体系转化(见图 6-4)。在完成这一阶段性目标后,金融与实体经济之间矛盾的主要方面再次转化为两者的竞争关系,"攫取性"再次成为金融体系的本质属性。此后的改革路径便为图 6-3 所展示的改革路径,着力于解决金融过度的负外部性问题,实现从攫取到共容转变的最终目标。

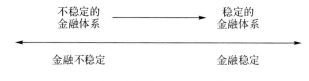

图 6-4　金融稳定维度下的金融体系分类

至此,我们基于金融竞合观构建了金融改革的一维模型、二维模型和三维模型。其中,一维模型的作用主要是确定一个基本的改革目标,明确改革的基本方向;二维模型的作用则在进一步明确改革目标的同时,清晰地展示了金融改革的路径;三维模型的作用则是在进一步细化改革路径的同时,揭示了金融稳定对于推进改革的重要性。

需要说明的几个问题

（一）"攫取性"会自然消失吗？

有人认为,金融过度化现象或金融体系的"攫取性"会自然消失,市场本身可以自发纠正金融过度。比如,理查德·塞拉认为:金融化的问题,将会自然解决。由于生意清淡,利润变小,银行和中介机构正在缩减规模。华尔街所能提供的工作机会越来越少,商学院和大学毕业生正在逐步分流到其他领域,而非金融业。所以,市场本身正在纠正过度金融化的问题。

塞拉所代表的观点具有一定道理,毕竟美国近几年所经历的正是这样一个过程,也基本符合各国在金融危机后人才资源配置的变化特征。那么,是不是我们就应该对金融的过度化发展现象或金融的"攫取性"听之任之呢?

塞拉所代表的观点忽略了两个极为重要而又相互关联的问题。

一是靠市场自发纠正过度金融化的启动条件是什么?

中国当前过度金融化的程度已经十分严重,但市场的自动纠正机制仍未启动。美国在金融危机爆发之前,虽然过度金融化已经达到触发金融危机的程度,市场的自动纠正机制也没有启动或及时启动。

二是让过度金融化自然解决的后果或代价是什么?

如前所述,金融危机前,市场的自动纠正机制很难启动。换言之,让过度金融化自然解决是以发生金融危机为前提的。比如,在美国,市场对过度金融化的纠正,是在经历了自"大萧条"以来最严重的金融危机后才开始启动的。因此,即便过度金融化的问题或金融的"虹吸效应"最终会自然解决,但是,考虑到其以爆发金融危机为代价,将给经济社会带来重大损失,我们不能坐等市场去自发解决。

(二)"攫取性—共容性"维度与市场化维度是否可以归一?

中国"攫取性"金融体系之所以形成,一个关键原因在于金融体系的市场化程度不足。推进市场化程度是实现从攫取到共容转变的重要途径。那么,"攫取性—共容性"维度与市场化维度是否可以归一为市场化维度呢?也就是说,"共容性"是否内生于市场化呢?若两者可以归一,则从攫取到共容与市场化就仅仅是同义反复而已,上文论述的金融竞合观下的二维模型对于金融改革而言就没有实质性意义。

我们认为,这两个维度是不能归一的。

首先,市场化并不是从攫取到共容的全部路径。实际上,除了市场化程度不足外,"攫取性"金融体系的形成还有其他原因。因此,要实现从攫取到共容的转变,金融改革还需要借助市场化以外的其他手段。

其次,市场化并不必然带来"共容性",甚至可能起到反作用。一方面,利率市场化、放开市场准入、发展多层次资本市场等市场化改革增强了金融体系的竞争,有利于降低金融业的相对利润水平。另一方面,在市场化的作用下,金融的自我膨胀属性很可能使金融体系衍生出另一类高利润、甚至与实体经济关联度不大的金融体系。从现实情况看,世界上存在着大量市场化充分但具有较强"攫取性"的金融体系。比如,全球金融危机前美国和英国的金融体系。20 世纪 80 年代以来,随着金融体系的市场化程度不断提高,两国金融体系的"攫取性"也在不断加深。

再次,缺少了"攫取性—共容性"维度,合理的市场化进程可能受到阻碍。目前,利率市场化和放宽市场准入的进度不如预期。一个重要原因便是对金融效率和金融稳定的担忧,担心利率市场化会抬高实体经济融资成本和增加商业银行的经营压力;担心市场准入的放开会导致竞争过度,危害金融稳定。在缺少"攫取性—共容性"维度的情况下,金融改革所考虑的仅是金融稳定与金融效率的权衡。而一旦加入了"攫取性—共容性"维度,则很可能得出不同的结论。即便利率市场化一方面在短期内抬高了实体经济融资成本,对资源配置效率产生了负向影响,但另一方面也可通过降低金融体系的"攫取性"程度,提高初次配置的效率。总体来看,利率市场化对提高整个经济系统内资源配置的效率具有正向作用,仍应继续推进。再如,即便放宽市场准入一方面会对金融稳定构成威胁,但另一方面却可以通过降低金融体系的"攫取性"程度来提高金融体系的稳健性。总体而言,放宽市场准入对于维护金融体系的稳健性具有正向作用,应积极推动准入限制的放宽。

最后,缺少了"攫取性—共容性"维度,可能导致过度市场化。市场化到底达到何种程度是合理的? 全球金融危机告诉我们,并不是越高越好。一个可选标准是是否影响金融稳定,但这个标准具有滞后性。"攫取性—共容性"可以作为另一个替代性维度,特别是对于中国金融改革而言。相关改革措施要实现与实体经济报酬的再平衡,不再存在生产要素明显的"脱实向虚"现象。

(三)金融危机是一种可选路径吗?

纵观全球金融史,可以发现这样一个特征性事实,金融业的利润和利润比重在金融危机后,均出现了显著下降,金融与实体经济之间失衡格局得以改变。那么,金融危机是否可以作为从攫取到共容的一种可选路径呢?

通常情境下,答案是否定的。按照《新帕尔格雷夫经济学大辞典》以及经济学家金德尔伯格的解释,金融危机是指全部或大部分金融指标——短期利率、资产价格(股价、房价、地价)、商业破产数和金融机构倒闭数——急剧的、突然的、超周期的恶化。金融危机一旦爆发,金融体系的基本功能就不能发挥,实体经济将遭受重创,甚至社会稳定都会遭受严重威胁。国际货币基金组织的一项研究表明,1970—2011年发生的银行业危机造成的平均损失高达GDP的23%。可见,与"攫取性"金融体系的负外部性相比,金融危机的危害更大。两害相权取其轻,正因为如此,当金融风险积聚到可能导致金融危机的程度时,矛盾的主要方面将发生转化,金融改革的首要任务转变为维护金融稳定。

此外,金融危机仅能实现短暂的、形式上的从攫取到共容的转变。若不进行彻底的金融改革,导致"攫取性"金融体系的根本因素并不能被真正消除,这种情况下的"共容性"金融体系是无根基的、短暂而不可持续的。危机过后,那些曾经的因素又将发挥作用,金融体系又将复归"攫取性"。所以,我们需要"共容性"金融体系,但更需要的是"共容性"金融体系得以持续的环境。

不过,我们也可观察到金融危机与金融改革如影随形。金融危机有利于改革共识的形成,有利于改革举措的推进。一次大的金融危机之后,通常总会有一次比较彻底的金融改革,金融与实体经济之间的关系也得以重塑。比如,1929—1933年金融危机之后,罗斯福政府进行了一次彻底的金融改革。得益于这次改革,在随后的60多年里,美国金融体系基本上保持了"共容性"的基本属性。2008年全球金融危机爆发后,美国又启动了一次较为彻底的金融改革。若改革得以顺利推行,美国的"攫取性"金融体系将转化为"共容性"金融体系。研究者认为,美国金融改革的相关讨论及举措几乎均局限于与"稳定"和防止下一次金融危机相关的议题,缺乏更深入的讨论,比如使金融重新服务实体经济,而非实体经济去服务金融。

关于金融危机是否为一种可选路径,答案取决于金融危机的规模、金融改革的推进难度和经济金融系统的韧性。如果是影响面可控的局部性、非系统性的金融危机或金融风险暴露,如果金融改革严重受制于既得利益集团而举步维艰导致金融风险仍在快速集聚,如果经济金融系统有足够的韧性,金融危机不失为一种可选路径。否则,应尽量避免金融危机的爆发。

但是,金融危机一旦发生,便"绝不能白白浪费异常严重的危机"①。需要借金融危机形成改革共识,推动彻底的金融改革,祛

① 2008年11月,美国白宫幕僚长拉姆·伊曼纽尔(Rahm Emanuel)在全球金融危机爆发后的一句名言。

除形成"攫取性"金融体系的体制弊端。

(四)为什么我们认为金融业利润高?

金融业利润高是本文的基本论点之一。我们知道,这一判断可能会受到质疑。

有一种观点认为,中国银行业的高利润是"虚高","利润当期性和风险滞后性"的行业特征使得银行盈利看起来很高。还有一种观点认为,金融业利润过高仅仅是周期性、阶段性的短期现象,长期来看银行业利润并不高。若将时间窗口向前延伸到 20 世纪 90 年代,银行业的盈利水平并没有超过社会平均利润率,甚至处于微利水平。所谓的银行业高利润仅仅是由于人们分析问题的时间视角太短浅而得出了有缺陷的,甚至是片面的结论。

以上两种观点的共同点在于将银行业高利润视为一种"幻象"或"假象"。不可否认的是,上述两种观点描述的均是事实,有利于我们更加全面地认识和解决银行业利润过高这一问题。不过,这并不对本文金融业利润过高这一基本判断构成挑战。

(五)如何看待当前金融业利润增速下降?

金融业利润增速已经显著下降。2014 年,商业银行净利润仅增长 9.65%。2015 年上半年,16 家上市银行的利润增速为 2.76%,全部商业银行的利润增速为 1.76%,大型银行净利润增速已下滑至 1%左右。随着经济进入"三期叠加"阶段,金融业利润增速很可能还会进一步下滑。那么,如何看待金融业利润增速下滑?它是否意味着中国金融体系的"攫取性"会自动消失?是否意味着不需要加快改革,推进金融体系实现从攫取到共容的转变?
答案是否定的。

首先,"攫取性"是一个相对的概念。在金融与实体经济利润
格局已严重失衡的情况下,只要金融业利润增速高于实体经济的
利润增速,金融业的"攫取性"就将进一步加剧。尽管 2014 年金融
业利润增速明显下滑,但实体经济利润增速下滑幅度更大。根据
国家统计局的数据,2014 年规模以上工业企业利润增速仅为
3.3%,2015 年前 10 个月下降了 2%。在这种情况下,金融业与实
体经济利润失衡的格局不仅没有改善,反而在进一步恶化。

其次,即便金融业利润增速下滑至大幅度低于实体经济利润
增速的水平,金融体系的"攫取性"也可能仅仅是形式上消除了而
已。在此,有必要区分金融业利润增速下滑的原因。如果背后的
驱动因素仅仅是经济周期或金融周期方面,便只是形式上消除了
而已,一旦经济好转,金融体系的"攫取性"便会再度显现。如果背
后的原因除了经济周期外,还有利率市场化、放宽市场准入、发展
多层次资本市场等一系列退出"金融约束"的改革举措,则可以在
实质上消除"攫取性"。

最后,要在金融业还保持一定利润增速时,抓紧推动金融改
革。一方面,这可以让金融业的利润吸收改革的成本,避免改革成
本大量溢出至金融业以外。另一方面,通过金融改革推动实体经
济发展,有利于从根本上维护金融稳定。坐等金融业利润下滑至
与实体经济平衡的水平而不通过合理的改革主动调整,等来的结
果很可能是金融危机的爆发以及高成本的危机救助。对于经济增
长而言,这将会是一个灾难性的结果。

金融供给侧改革的亮点与难点

彭文生

光大集团研究院副院长、光大证券全球首席经济学家

2019 年 3 月,金融再次成为热点,除了股市上涨之外,政策层面发生了几件重要事情。首先是习近平总书记 2019 年 2 月在中央政治局第十三次集体学习时对深化金融供给侧结构性改革的论述,其次是中共中央办公厅、国务院办公厅印发《关于加强金融服务民营企业的若干意见》,再者就是金融监管部门加强了和市场的沟通,尤其是新任证监会主席易布满的新闻发布会,都受到市场高度关注。

怎样看待金融行业未来的发展? 关键词是金融供给侧结构性改革。 2015 年政策部门提出实体经济供给侧改革的时候,开始很多人并不很在意,也看不清怎么做,但后来一系列大动作还是对行业结构带来了比较大的影响。我们需要高度重视金融供给侧结构性改革,未来行业格局可能由此发生重大变化。**促进金融的供给符合经济高质量发展的要求,为此总书记强调两个方面,一是增强金融服务实体经济的能力,二是防范化解金融风险,尤其是系统性风险。**

大方向清晰,但具体怎么落实、哪些是重点问题,既有共识,也

有分歧,还有相当大的不确定性。本文试图从结构、总量、顺周期性三个方面分析我国金融供给存在的问题和可能的改革措施。总体来讲,我国金融结构不合理,间接融资占比太高,但其中普惠金融发展落后;金融供给总量过大、价格太贵;金融的顺周期性太强,放大了风险。解决这些问题需要系统性改革措施。

结构的改善

(一)发展直接融资与普惠金融

我国的金融结构不合理,主要体现在两方面:一是间接融资占比高、直接融资占比低,资本市场对实体部门投融资发挥的作用小;二是间接融资过多依赖房地产抵押品和政府信任的担保,融资更多流向地方政府融资平台、国企和房地产相关领域。由此导致实体部门尤其是民企、小微企业融资难、融资贵。如何促进普惠金融发展是金融供给侧改革的一个重点,也是难点。

政治局会议提出构建多层次、广覆盖、有差异的银行体系,增加中小金融机构的数量和业务比重。回顾历史,发展民营银行曾经在一段时间是政策重点,有若干民营银行牌照放开,后来政策有所收紧,主要原因在于民营银行在发展过程中,存在公司治理结构不规范、内部关联交易、负债成本偏高(政府信用担保和网点不足)、信用风险评估能力不强、缺乏退出机制等问题。未来要解决小银行机构牌照如何放开,放多少,如何建立新的机制来防范化解过去发展中存在的问题与风险等问题。

近年来发展普惠金融的另一个重要措施就是大型国有银行建立普惠金融事业部，未来是不是要向中型银行推广是一个值得关注的方向。普惠金融事业部在实际执行中遇到不少问题，银行也有较多顾虑，根本问题还是如何平衡银行的商业运营属性与普惠金融的公益属性。如何界定普惠金融的财政属性是普惠金融事业部可持续发展的重要问题。

另一个值得关注的政策动向是强调降低信贷对抵押担保的过度依赖。抵押品不仅是对房地产，还有对政府信用的依赖，导致信贷资源分配偏向国有部门和房地产领域。《关于加强金融服务民营企业的若干意见》提到要依靠大数据、金融科技来降低信贷面临的信息不对称问题，从而减少对政府信用和房地产的依赖。

普惠金融是世界性难题，到目前还没有形成有效的模式。在20 世纪 80 年代之前，主流的思维是政府干预导致信贷资源向国有企业和政策支持领域倾斜，中小企业融资困难，所以金融自由化、市场配置资源被认为有利于普惠金融，但过去几十年的金融自由化、市场化并没有带来结构改善，小企业融资难、融资贵仍然是普遍性现象。也就是说，市场化和政府干预这两个模式的效果都不理想。现在技术进步为发展普惠金融带来了新机遇，值得关注和期待的是大数据的应用有利于减少信息不对称问题、减少信贷对抵押品的依赖，开启了新金融模式。

人口数量和经济体量带来的规模效应使得大数据应用消除了信息不对称，这点在中国尤其有效，实际上正因为这个因素，加上监管的相对包容，中国已经出现世界领先的新金融平台包括蚂蚁金服、腾讯的金融平台等。规模效应意味着大数据覆盖的行业越广、交易量越大,其提供的信息越有价值,市场发展自然导致大平台的行业集中度增加,其系统重要性也随之上升,这就带来规制和监管层面的挑战。

现代银行体系的发展可以说始于支付功能,同样以大数据为基础的新金融平台与支付功能紧密相连,支付体系有其系统重要性的一面,但也催生了市场化配置资源的金融服务,政策导向需要在稳定和创新之间取得平衡。另一个涉及未来发展的问题是新金融平台能否通过吸收存款的方式融资,目前的融资渠道主要是批发市场,这使得大数据平台比传统银行有较大的流动性风险,但其信用风险的评估能力更强。

(二)发展资本市场是改善金融供给侧结构性问题的另一重要方面

政治局会议强调建立规范、透明、开放、有活力、有韧性的资本市场,完善资本市场基础性制度。资本市场有活力、有韧性的前提,就是规范、透明,让信息披露、市场约束有效发挥作用。**具体而言,就是要做到"把好市场入口和市场出口两道关""加强对交易的全程监管"两个方面。**

第一个方面,上市和退市制度是资本市场制度建设的基础。过去很多年,受益于经济高增长的一大批优秀公司由于种种制度限制,未能在 A 股上市,不得不远走海外;与此同时,一批应该退市的公司却迟迟不能退出去,反而造成了卖壳炒壳等不正常现象。近些年,政策部门一直在强调完善股票的市场化发行、退市制度,现在的"科创板+注册制"可以说是这方面探索的重要成果。目前,科创板的正式规则已经落地,不盈利的、同股不同权的科创企业可以上市,还有更加严格的退市制度。当然,万事开头难,在科创板落地的过程中可能还会遇到一些难以预测的问题。但是,只要坚持稳健的原则、正确的方向,科创板就可以引领整个股票市场的改革与发展。

第二个方面是加强对交易的全程监管。资本市场发展相对滞后,除了路径依赖、上市发行、交易制度等因素,最关键的还是中小股东的合法权益无法得到有效保护。市场机制之所以能够实现资源有效配置,根本原因在于优胜劣汰。如果没有严格的造假惩罚措施,守法企业在造假企业的竞争优势下很可能沦为弱势企业,导致出现劣币驱逐良币的现象,这是一种逆向选择。美国资本市场的一个竞争力就体现在严厉的造假惩罚上,集体诉讼制度之下,造假企业和大股东面临的不只是巨额的金钱惩罚,甚至有牢狱之灾。我国的情况是大股东造假成本很低、收益巨大,资本市场违法违规的问题十分严重。未来值得关注的是如何落实解决金融领域特别是资本市场违法违规成本过低的问题。

供给总量的调控

我国的金融供给总量太大、价格太贵,这一问题无论是对金融风险还是收入分配,都带来了较大的负面影响,不符合经济高质量发展的要求。

我国的金融体量太大,一个体现是金融行业附加值占 GDP 的比例高,甚至高于金融业发达的美国;另一个体现是非金融非政府部门也就是企业和家庭部门的高负债率,高杠杆要么带来金融风险,要么靠政府信用担保不断新增融资来防止大量违约现象。在后一种情况下,虽然金融风险在一段时间内不是问题,但会带来收入分配的扭曲。企业和家庭部门负债多、利率高,对应的是金融部门收益高,在国民收入分配中占比高。对于金融服务实体经济,究竟怎么服务有不同解读,但最终结果不应该是金融在国民收入分配中比例不断上升。

中国的金融为什么体量大、价格贵,存在一定的规律。过去几十年全世界都面临类似问题,体现在金融行业产出越来越高,也就是信贷量越来越大,但价格没有下来,融资成本也就是存贷利差没有明显降低。这背后的普遍性原因是,金融行业是特殊行业,它的产出是货币,而人们对货币的需求是无限的。没有一个实体行业具备金融行业的优势,比如汽车,人们对汽车的需求有限,汽车产量多了之后,价格自然会降下来。

需求端缺乏限制,所以需要在供给端寻求约束机制。一是要靠市场化、市场竞争机制的约束。金融机构坏账多了就应该破产,但市场纪律约束在现实中难以到位,因为金融稳定具有社会性、系统性含义,不只是中国,美国的市场化程度比中国高但也难以完全靠市场纪律约束。市场约束不到位怎么办?要靠供给端加强监管、规范经营来实现。回顾过去十年甚至更长时间,金融监管不到位、监管效率低是一个很大的问题。2017 年全国金融工作会议的召开,迎来了加强金融监管的新篇章。

(一)规范增量:加强监管

就加强监管和规范经营而言,2019年2月的政治局集体学习在三个方面的表述值得关注。

第一是宏观审慎管理和微观行为监管两手抓、两手硬。我们过去的监管主要是对机构的监管,实际上宏观审慎管理和微观行为监管都不到位。2017年加强金融监管以后,央行的宏观审慎管理职能得到明确和强化,行为监管在新的银保监会和证监会的架构下也得到强化。宏观审慎管理的优势在于以防控系统性风险为导向,注重宏观经济、资产价格和金融风险之间的联系,但正因为这样,其操作也容易受经济周期调控的影响。

第二是加强基层金融监管力量,强化地方监管责任。过去几年金融创新带来的问题在基层的金融机构中尤其突出,比如P2P平台的问题,实际上是和基层监管不到位,地方金融办的角色——发展金融和金融监管的冲突是有关系的。加强基层金融监管要求制度层面包括机构设置的改革,下一步如何落实是值得关注的问题。

第三是加强金融监管问责机制,加强金融反腐力度。过去的监管和金融行业规范经营问题不仅有不尽职不尽责,还涉及权力寻租的问题。总书记讲"要管住金融机构、金融监管部门主要负责人和高中级管理人员"[1],这个尤其需要金融机构、金融从业人员重视。

---

[1] 习近平主持中共中央政治局第十三次集体学习并讲话,http://www.gov.cn/xinwen/2019-02/23/content_5367953.htm.

（二）化解存量：加强不良资产处置

过去实体行业供给侧改革的一个重要方面就是去过剩产能，金融行业也有存量问题，就是银行不良资产的问题。不良资产处置不仅关系金融风险，也是一个收入分配问题。

实体行业的企业都有可能亏损、破产，为什么银行就不能亏损，为什么银行坏账就不能高？实际上不良资产没有得到充分暴露、化解和处置，导致了很多问题，比如僵尸企业、信贷资源被占用、没有金融资源去支持新的产业和新的增长点等。**未来几年金融供给侧改革一个重要方面是加大存量的不良资产的暴露和处置力度，包括债转股，不良资产出表等。**

和处置不良资产相关的是地方政府隐性债务问题。过去几年政府做了不少债务置换，把期限短、利率高的商业融资条件债务置换为期限长、利率低的政府性债务，估计未来还要加大债务置换的力度。地方政府债务享受政府信用担保，不能违约，存在刚性兑付，但由于是商业融资条件，收益率比较高，实际上是一个收入分配问题。过去几年金融机构收益率做得比较好的，很多都是因为投资地方隐性债务，规避投资地方隐性债务的金融机构，收益率反而相对低些。

减弱金融的顺周期性

经济有周期波动，金融也有周期波动，全球范围内金融的顺周期性在过去几十年成为一个日益突出的问题，放大了金融不稳定风险和宏观经济的波动问题。金融的顺周期性来自多方面因素，最主要的在于对房地产作为信贷抵押品和政府信用的依赖，同时监管不到位。从其他国家的经验看，几乎所有的信贷过度扩张都是和房地产泡沫联系在一起的，中国也不例外，同时，我们对政府信用的依赖更加突出。

降低金融的顺周期性需要供给侧结构性改革，包括上述的发展直接融资、降低对抵押品的依赖、加强金融监管等。就未来发展而言，还有三个方面的认识问题值得关注。

首先，我们处在金融周期的下半场的早段，去杠杆仍然是防范化解金融风险的重要载体。**2017 年以来，加强监管一个重要的抓手就是去杠杆，现在强调金融的供给侧改革并不意味着去杠杆可以结束了。**我们总体的问题还是金融的体量太大，未来需要通过建立供给侧的长效机制的方式来降低杠杆。

其次，金融和财政的关系。财政政策在经济周期的逆周期调节中发挥作用不大，其实财政也应该在金融周期的逆周期调节中发挥作用。在实体部门债务负担已经很高的情况下，财政扩张可以降低经济增长对金融的依赖，减少金融周期下半场调整对经济活动的冲击。国债的发行利率比企业尤其是民企、小微企业的融资成本低很多，**在一段时间增加国债的发行量，用筹集的资金来减税，对经济的支持比增加对企业的融资更有效，也更具可持续性。**

再次，金融的混业经营和分业经营的关系。理论上讲，所谓的综合经营更能发挥金融的不同板块的协同效应，提高资源配置的效率。但金融不同于实体部门，其特殊性要求监管，而监管主要是通过行政性的措施限制金融企业的准入、经营范围和风险累积。

中外的经验都显示,混业经营的过度发展导致风险被掩盖,加强了金融的顺周期性。当然,现实中没有绝对的分业经营和混业经营,关键是在两个极端之间的平衡的把握。在金融供给侧改革中,如何进一步规范综合经营,促进金融企业聚焦主业也是值得关注的重要问题。

构建现代金融体系的三个关键环节

谌利民　中国经济体制改革研究会副研究员
宋廷春　中共辽宁朝阳市委党校副校长
邱永辉　中国经济体制改革研究会博士后

十八大以来,中国金融体制改革持续推进,金融领域的市场体系建设、金融机构体系完善、监管体制改革、金融对外开放扩大等领域成绩卓著。金融业稳健安全运行,服务实体经济的水平持续提升,风险防御能力进一步加强。在当前国际形势错综复杂、中国新旧动能转换的背景下,提升金融服务效率、防范金融风险、维护金融安全,亟须继续全面深化金融体制改革,坚持市场化、现代化和国际化三个关键原则,构建现代金融体系,减少金融抑制,服务实体经济发展,推动经济高质量增长。

重大领域破冰前行

十八大以来,中国金融体制改革始终以问题为导向,正视金融体系存在的机构、效率和风险问题,多点面开放创新,在打破行业垄断、打通民营资本准入通道、遏制金融创新乱象、开启资本市场互联互通、初步形成资金价格市场化决定机制、构建汇率中间价形成机制等诸多领域破冰前行。尤其不避讳改革进程中出现的问题，坚持规范引导，及时专项整治，推动改革取得实质性进展。

经过几年的改革，中国初步形成了资金价格的市场化决定机制，利率管制初步放开，汇率机制基本形成；由主板、创业板、新三板和区域性股权市场搭建的多层次资本市场初步形成；一系列金融双向开放的通道开启，初步实现金融风险可控和资本有序流动；金融监管基本框架建立，完成了金融监管从"一行三会"升格为"一委一行两会"，强化了金融监管的统一性、权威性和穿透性。这些重大框架性改革为未来金融价格信号发挥、市场机构优化、金融机构国际化发展以及金融监管现代化打下了良好基础。

（一）金融机构改革步伐加快，多元化发展取得成效

首先，民营银行破冰，银行业态多样化发展。2014 年 3 月，银监会公布首批民营银行试点名单，正式启动民营银行试点工作。截至 2016 年年底，银监会共批准设立 17 家民营银行。

其次，金融机构改革纵深推进，不断释放制度活力。一是国家开发银行、进出口银行与农业发展银行三大政策性银行推进机构改革，在业务范围、资本补充、治理结构、外部监管等领域进行了规范。二是保险机构不断优化准入退出机制，综合性、专业性、区域性和集团化保险机构齐头并进，自保保险、相互保险、互联网保险等新型市场主体不断涌现。三是证券行业逐步放宽准入政策，民营资本、专业人员等各类符合条件的市场主体均可出资设立证券

经营机构。同时,支持国有证券经营机构开展混合所有制改革。四是深化农村中小金融机构改革。积极稳妥、因地制宜地推进农村信用社产权改革与农村商业银行重组。稳步提升村镇银行的覆盖范围,引导村镇银行布局中西部地区、产粮大县和中小微企业聚集地区。

(二)直接融资领域拓宽,金融市场体系日趋完善

一是利率市场化改革突破"临门一脚"。十八届三中全会后,利率市场化改革全面启动,金融机构贷款利率管制于 2013 年 7 月 20 日起全面放开。继 2015 年 2 月 17 日《存款保险条例》推出后,2015 年 10 月 24 日起,商业银行和农村合作金融机构等金融机构的存款利率浮动不再有上限。

二是人民币汇率形成机制迈出重要一步。2015 年"8·11"汇改形成"收盘汇率＋一篮子货币汇率变化"的人民币兑美元汇率中间价形成机制。为了减缓市场情绪的顺周期波动冲击,缓解外汇市场上的羊群效应,2017 年 5 月引入逆周期调节因子。

三是金融基础设施建设进一步完善。一方面,支付、清算和结算体系主体框架基本形成。2015 年 10 月,人民币跨境支付系统投产上线,初步构建了跨境资金流转通道。一个月后,银行间市场人民币债券交易也全部实现券款对付结算。2016 年 8 月,银行间市场清算所股份有限公司推出外汇期权中央对手清算业务。另一方面,征信市场和社会信用体系加快建设。2013 年 3 月,国务院发布《征信业管理条例》,成为中国首部征信业法规。同年 11 月,《征信机构管理办法》出台,2015 年 1 月中国人民银行印发《关于

做好个人征信业务准备工作的通知》。同时积极推动证券公司、保险公司、小额贷款公司和融资性担保公司等非银行金融机构接入国家金融信用信息基础数据库,加快小微企业和农村信用体系建设。

四是促进消费金融发展。2016 年 3 月,中国人民银行、银监会印发《关于加大对新消费领域金融支持的指导意见》,提出金融积极支持新消费领域的政策措施。

五是直接融资占比提升,多层次资本市场建设有序推进。

在产品创新方面,债券融资工具不断丰富,推出绿色金融债、资产支持票据、永续票据、双创债务融资、绿色公司债、熊猫公司债、可续期公司债、创新创业公司债等债券品种。同时,国有企业结构调整基金、央企贫困地区产业投资基金、"国协、国同、国创、国新"引导基金等"国"字头基金相继成立,环渤海、长三角、珠三角、中西部等地方政府引导基金遍地开花,成为股权投资市场的中坚力量。

在制度建设方面,2015 年 4 月新修订的《中华人民共和国证券投资基金法》首次明确公开募集与非公开募集界限。2015 年开始陆续出台《商业银行并购贷款风险管理指引》《关于鼓励上市公司兼并重组、现金分红及回购股份的通知》等文件,大幅降低企业并购条件,提升资本市场的效率和活力。国务院印发资本市场"新国九条",出台上市公司退市制度,开展优先股试点;提高全国中小企业股份转让系统企业挂牌、股票发行和并购重组的审查效率;开展投贷联动试点,多层次资本市场建设有效推进。

（三）金融开放有序扩大，"引进来"与"走出去"取得新进展

一是合格境内外投资者制度不断完善。2014 年 11 月《中国人民银行办公厅关于进一步明确人民币合格境内机构投资者境外证券投资管理有关事项的通知》，正式开闸人民币合格境内机构投资者业务，为人民币"走出去"开拓了新路径。沪港通、深港通、债券通开启资本市场互联互通，推动国内资本市场双向开放，对接国际资本市场的成熟制度。跨境债券实现稳步发展。截至 2016 年年底，"点心债"一年发行量为 3200 亿元，人民币"熊猫债"累计发行 631 亿元。

二是金融机构"引进来""走出去"步伐加快，对外开放进程提速。

一方面，"走出去"步伐加快，中资金融机构国际化经营获得新突破。2015 年中国银联中标为亚洲支付联盟跨境芯片卡标准唯一提供商，中国金融技术标准开始"走出去"。2015 年 9 月，中国人民银行发布《关于进一步便利跨国企业集团开展跨境双向人民币资金池业务的通知》，进一步降低了从事跨境双向人民币资金池业务企业的门槛。2017 年国务院先后印发《国务院关于扩大对外开放积极利用外资若干措施的通知》与《关于促进外资增长若干措施的通知》，推出跨境资金池，促进境内外资金融通。

另一方面，推动外资投资便利化。2018 年 4 月，中国银保监会发布《关于进一步放宽外资银行市场准入相关事项的通知》，放宽外资准入条件，包括允许外国银行在中国境内同时设有子行和

分行,以及在全国范围内取消外资保险机构设立前需开设两年代表处的要求。扩大外资机构业务范围,包括全面取消外资银行申请人民币业务需满足开业一年的等待期要求,允许外国银行分行从事"代理发行、代理兑付、承销政府债券"业务,降低外国银行分行吸收单笔人民币定期零售存款的门槛至 50 万元。允许符合条件的境外投资者来华经营保险代理业务和保险公估业务。同时,发布《关于放开外资保险经纪公司经营范围的通知》,放开保险经纪公司经营范围,与中资一致。

取消对中资银行和金融资产管理公司的外资持股比例限制,实施内外一致的股权投资比例规则;对商业银行新发起设立的金融资产投资公司和理财公司,外资持股比例不设置限制;鼓励信托、金融租赁、汽车金融、货币经纪、消费金融等各类银行业金融机构引进境外专业投资者;将外资人身险公司外方股比放宽至51%,三年后不再设限。

优化外资机构监管规则,对外国银行境内分行实施合并考核,调整外国银行分行营运资金管理要求。

上述新开放举措进一步完善了银行业和保险业的投资和经营环境,激发了外资参与中国金融业发展的活力,丰富了金融服务和产品体系,提升了金融业服务实体经济的质效。

三是人民币国际化获得标志性进展。2015 年,国际货币基金组织批准人民币 2016 年 10 月 1 日加入特别提款权,为人民币国际化进程中的里程碑事件。2013 年以来,中国积极主导和参与筹建多边金融机构,从国际金融秩序的参与者向主导者迈进。2014年 11 月,中国宣布出资 400 亿美元成立丝路基金。2015 年 12 月,亚投行正式成立,启动资金 500 亿美元,中国为最大出资人。

(四)金融创新深化,服务方向更加清晰合理

第一,互联网金融蓬勃发展。首先,第三方支付市场高速发展。2016 年第三方支付机构移动支付市场交易规模达 58.8 万亿元,支付宝和微信合计约占 92% 的市场份额。《非银行支付机构风险专项整治工作实施方案》等政策的出台,标志着第三方支付监管逐步迈入正轨,2018 年 6 月终止第三方支付直连模式,网络支付必须经由网联,接受网联监督。其次,P2P 网络借贷规范发展。《关于促进互联网金融健康发展的指导意见》《网络借贷信息中介机构业务活动管理暂行办法》《关于做好 P2P 网络借贷风险专项整治整改验收工作的通知》等文件的下发,使网络借贷业务逐步规范化。再次,众筹融资平台异军突起。

第二,大数据征信迎来爆发时机。国务院在 2015 年印发《促进大数据发展行动纲要》和《关于运用大数据加强对市场主体服务和监管的若干意见》,提出开放政府数据和推动产业创新,鼓励大数据在征信业的应用和发展。

第三,金融科技领域的独角兽企业大量涌现。2016 年以大数据、云计算、区块链、人工智能等技术应用为主要特征的金融科技(FinTech)席卷全球,金融科技企业融资总额跃居全球第一,一批独角兽金融科技企业站在全球金融科技最前沿。

第四,要素交易平台多点开花。深圳、武汉、成都、重庆等地成立碳交易、金融资产、知识产权、科技创新、大宗商品、贵金属等新型要素交易市场,依托要素交易场所的融资、价格发现与资源配置

功能,争取产品定价权和国际话语权。

第五,深入贯彻金融服务实体经济的方针,不断加快绿色金融体系的建设步伐,支持普惠金融良性发展;金融试验区改革探索卓有成效,自由贸易试验区金融改革、金融综合改革试验区以及港澳内地金融合作持续推进。

(五)金融监管迈向新格局,双支柱调控框架形成

一方面,完善金融监管协调机制,金融监管从原来的"一行三会"升级为"一委一行两会",强化了金融监管的统一性、权威性和穿透性。2017 年 7 月设立国务院金融稳定发展委员会,统筹负责金融改革发展与监管,研究系统性金融风险防范处置和维护金融稳定的重大政策。2018 年 3 月保监会与银监会合并,集中整合监管资源,提高监管质量和效率;强化功能监管、综合监管和行为监管功能,推动建立更为规范的资产管理产品标准规制,形成金融发展和监管的强大合力;发挥金融监管协调部际联席会议作用,构建跨市场金融风险监测分析框架,健全金融监管部门之间的风险通报机制。

另一方面,健全货币政策和宏观审慎政策双支柱调控框架,使得央行货币政策调控更加灵活精准。创新临时流动性便利、常备借贷便利、中期借贷便利等流动性调节工具,实施定向降准政策,开展市场预期管理。将差别准备金动态调整机制升级为宏观审慎评估体系,将跨境人民币流动纳入体系。并从资本和杠杆、资产负债、资产质量等七个方面引导银行业加强自我约束和管理;实施定向降准,鼓励金融机构更多地将信贷资源配置到小微企业、"三农"

等重点领域和薄弱环节;强化价格型调控传导机制,构建利率走廊机制,引导货币政策工具从数量型向价格型转变;等等。

新形势下金融体制有待进一步深化改革

当前,随着中国经济发展进入新常态,发展的速度、方式、结构、动力都在发生变化,继续深化金融改革,是谋求中国经济高质量增长的重要一环。

第一,金融市场扭曲存在,政府与市场之间的关系有待继续理清。金融监管部门不应直接干预微观金融机构的经营活动以及金融市场的正常运行。监管部门的首要职责在于构建公平的竞争环境,打破刚性兑付,推出市场化的退出机制,扭转金融资源低效率供给或者无效率空转局面。

第二,新经济发展所需的直接融资市场有待继续大力发展。中国金融结构中,直接、间接融资比例严重失衡。直接融资市场中,证券市场结构失衡。主板市场"严供给、宽需求",而新三板市场"宽供给、严需求",导致资本市场供求关系扭曲。在谋求新旧动能转换实现经济高质量增长的当下,需要充分发挥资本市场对创新驱动的支持作用,优化企业债务和股本融资结构,显著提高直接融资特别是股权融资比重。

第三,金融融资结构和信贷结构有待优化。按照深化供给侧改革要求,优化融资结构和信贷结构,不断强化对小微企业、"三农"等国民经济重点领域和薄弱环节的金融支持力度,推动实体经济与金融的良性循环。要坚持市场化秩序,合理平衡金融资产证券化和实体经济资产证券化,尤其要以实体经济资产证券化对冲企业和各级政府主导的已有及新增建设项目的高杠杆,防止企业信用违约和政府信用透支。

第四,金融监管跟不上金融发展速度,金融监管体制改革亟待加速。当前,金融体系的结构失衡问题较为突出,金融产品自身的结构性风险充分暴露,资管企业及其资管产品整体上已经技术性破产。中国非金融部门总杠杆率由 2008 年年底的 141.3% 飙升至 2017 年 6 月的 255.9%,部分国有企业债务风险突出,"僵尸企业"难以出清。商业银行不良贷款率上升,债券市场信用违约事件明显增加,银行、证券、保险、期货、基金等机构的理财业务多层嵌套,内幕交易、关联交易等违法交易行为层出不穷。金融创新乱象频发,部分互联网金融公司证照不全,一些违规经营、金融诈骗违法犯罪事件出现。

继续全面深化金融体制改革,构建现代金融体系

当前,中国经济正处于新旧动能转换,实现经济高质量增长的阶段,打造服务于经济转型需求的现代金融体系迫在眉睫。为此,要切实贯彻落实"市场在资源配置中起决定性作用"的要求,推动金融深化,继续全面推进价格机制改革和对外开放,牢牢把握金融市场化、国际化和现代化这三大关键点,持续完善法规和配套制度建设,服务于实体经济发展,坚决守住不发生系统性风险的底线,构建起与现代化经济体系相匹配的金融体系。

全面推进金融市场化改革。进一步推进汇率和利率市场化,

让市场切实发挥决定性作用,增加人民币汇率和利率弹性;放宽民营银行远程开户、设立网点、业务资格等领域的限制,继续放宽外资银行准入条件;继续深化国有企业改革,推动地方政府财税制度改革,让资金价格真正成为市场信号。完善市场预警与退出机制。强化多层次资本市场体系建设,支持不同市场之间合理竞争,继续推进完善以信息披露为核心的发行体制和再融资体制的市场化改革。

深入推进金融国际化进程。一方面要加快建设离岸人民币市场。与"一带一路"沿线国家签订本币互换协议、建立人民币清算安排和发展人民币清算银行,完善跨境金融基础设施。利用深港通、沪港通、债券通等市场对接通道,有效提升境外人民币的投融资、金融交易、保值增值等功能。另一方面要加快促进金融双向开放,构建更加开放、互利共赢的金融市场环境。支持中国金融机构国际化发展,为企业提供支付结算、项目贷款、并购贷款、风险管理等综合金融服务。支持支付宝、微信等具有国际竞争力的第三方支付机构海外抢先布局支付市场,大力开展跨境第三方支付业务。继续放宽金融领域外资持股限制,引入优质的外部投资者,打破金融改革的利益藩篱,提高中国金融治理水平与运营效率,优化金融体系引领改革开放、服务实体经济的资源配置作用。

积极稳妥推进金融创新,深化金融监管体制改革,用制度确保金融科技和金融创新的健康发展。一是按照"一委一行两会"的监管架构,进一步加强金融监管协调机制建设,规范金融秩序,推动金融创新健康发展。二是打破区域及行业分割壁垒,建设金融科技实验室、金融科技支付清算托管交易平台等公共基础设施。三是开展金融科技"沙盒监管"①试点。在理顺中央金融监管部门和地方金融监管当局权责的基础上,明确监管部门"沙盒监管"第一责任,制定金融科技临时金融牌照制度,支持地方政府在一定范围、一定时间内开展金融科技试点试验。最后是发展监管科技,建立可持续的监管科技发展机制,构建公平、有序、竞争的金融科技新生态。

---

① 该概念由英国政府于 2015 年 3 月提出,指"安全空间",在这个安全空间里,金融科技企业可以测试其创新的金融产品、服务、商业模式和营销方式,而不用在相关活动碰到问题时立即受到监管规则的约束。

宽信用的"解"与"困"

钟正生

财新智库莫尼塔研究①董事长兼首席经济学家

2018 年年初以来,伴随金融与财政的严监管,中国社会融资增长大幅放缓、信用违约事件加速暴露,叠加中美贸易战硝烟四起,造成了一定的信用恐慌。2018 年 7 月,货币政策做出了若干边际调整和放松,随后中央政治局会议确立了更加积极的宏观政策取向,央行发布的 2018 第二季度《中国货币政策执行报告》更是重点强调"提高金融服务实体经济的能力和意愿",并高度聚焦对小微企业的金融支持。政策推动宽信用的意图较为明确,但宽信用能够在何种程度上得以实现,还需多一分理性思考。

---

① 财新智库旗下一家独立的投资研究与商业咨询公司,服务于国内外机构与企业客户。

本轮信用恐慌的来源

2018 年以来的信用紧缩,本身是个结构性的问题,但却带来了恐慌性的影响,导致各界对中国经济失速下滑的担忧剧增,也是中央政策边际调整的关键触发因素。从企业债券融资的情况来看,信用债净融资额在高评级与低评级、国有企业与民营企业之间呈现出明显分化(图 6-5)。高评级主体和国有企业融资规模较 2017 年均有所恢复,而低评级主体和民营企业融资规模则不断收缩,即便在 7 月央行增加 MLF 资金支持信贷投放和信用债投资等政策推出以来,低评级主体的融资状况也未见好转。

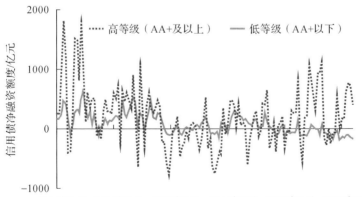

图 6-5　2018 年高等级与低等级信用债融资分化

结构性的信用紧缩之所以带来了全局性的恐慌,主要有四方面的原因:

一是中国的债务违约是从 0 到 1 的质变,对新生事物的恐惧导致金融机构无所适从。前期爆发的企业债务潮看似山雨欲来,但其违约率不足 1%,更远远低于发达经济体债券违约的常态水平。但中国一直有刚性兑付和政府担保的传统,因此,债务违约从 0 到 1 不啻"惊险的一跃"。当上市民企开始出现违约现象时,背后更是映射出大多数非上市民企的生存状况,势必进一步推升民企的风险溢价;而当国企债务的刚兑信仰面临崩塌时,自然也会掀起进一步的全局性恐慌。

二是信用紧缩威胁民企加杠杆的持续性,金融非但不能更好地支持,反而可能压制实体经济的内生活力。2018 年以来,出现了看似比较蹊跷的"国退民进"现象:国企在去杠杆,民企在加杠杆;国企投资增速在放缓,民企投资增速在加快。经过梳理发现,民企加杠杆有主动成分在,但更可能是被动为之。这种被动的加杠杆体现在:民企的资金可得性和价格与国企向来不可比拟,更糟糕的是民企的投资回报率从 2017 年下半年开始低于国企,即民企的盈利在相对恶化,而资金链在不成比例地收紧,两端叠加的冲击可想而知。因此,倘若信用环境持续紧缩,民企的被动加杠杆是不可持续的。

三是一些城投平台投融资活动突然停顿下来,造成基建投资明显失速。这里有信用紧缩的缘故,银行不知道要不要、能不能再给城投放款,也有财政政策上不确定的因素。莫尼塔调研发现,不能"回表"的城投平台债务(不在此前银监会可纳入地方政府债务的城投平台目录上)要不要启动第二轮地方政府债务置换,一些地方公益性项目究竟能不能让城投平台来承担部分融资职能(对此财政部和审计署的解释似乎有所出入,地方政府无所适从,干脆不投),这些都是悬而未决的问题。因此,这部分的信用紧缩,根子在财政政策和金融监管上的不确定性,地方政府和商业银行多多少少都有"不怕不做事,就怕做错事"的倾向。2016 年,金融机构贷款增量中,基建行业占比达到 16.5％,明显高于制造业的 0.7％和房地产业的 1.9％;回顾 2011 年,基建行业、制造业和房地产业在新增贷款中的占比分别为 15.6％、26.7％和 3.2％。基建行业在信贷投放中占据着愈发重要的地位,当这部分信用面临收缩时,会对整体社融增长产生显著拖累。

四是 2014—2016 年大量发展的同业非标融资面临到期高峰,造成严重的青黄不接现象。资管新规的初衷是希望通过减少金融空转的方式,提高金融支持实体经济的能力。2014—2016 年大量通过同业委外链条流入实体经济的非标资产,从 2018 年开始进入到期高峰(按照 3 年久期推测)。据估算,这一时期平均每年的同业非标增量可能接近 4 万亿。资管新规使这部分同业非标受到严厉监管,难以顺利续接,从而明显放大了对实体经济的冲击。央行发布的《2018 年第二季度中国货币政策执行报告》提到,严监管"短期内也可能形成一定叠加,对实体经济和金融稳定形成扰动",正涉及于此。

宽信用的"解"

如前所述,本轮信用紧缩的根源主要在于:金融机构风险偏好下降,对低资质主体(尤其是民营企业)避之而不及,传统的基建领

域投放又受到金融监管和财政政策不确定性的制约。因此,要缓解当前信用紧缩的状况,需要解决如下一系列问题:

第一,适度缓解信贷额度限制。2018 年 7 月下旬以来,央行对一级交易商额外给予 MLF 资金,用于支持贷款投放和信用债投资;下调 MPA 考核中的结构性参数,打开广义信贷增速上限;增加中长期流动性供应,保持流动性环境宽松。这些都旨在从总量层面提高金融支持实体经济的能力。

第二,适度缓和监管态度尺度。2018 年 7 月下旬以来,在保持监管原则和方向不变的基础上,资管新规的配套细则采取了相对友好的过渡期监管安排;第二次金融稳定发展委员会(简称金稳会)会表示对金融机构"知错就改的要鼓励";监管窗口指导的部分信托公司等,在符合资管新规和执行细则的条件下加快项目投放。这会给金融机构更多时间和空间来做调整。

第三,提高金融机构支持小微企业的意愿。2018 年 7 月 17 日银保监会提出,大中型银行要充分发挥"头雁"效应,加大信贷投放力度,带动银行业金融机构对小微企业实际贷款利率明显下降。第二次金稳会指出,"要在信贷考核和内部激励上下更大功夫,增强金融机构服务实体经济特别是小微企业的内生动力"。国务院常务会议提出了一些从根本上缓解小微企业融资劣势的措施,包括:鼓励商业银行发行小微企业金融债券,豁免发行人连续盈利要求;加快国家融资担保基金出资到位,努力实现每年新增支持 15 万家(次)小微企业和 1400 亿元贷款目标等。2018 年 7 月 26 日,国家融资担保基金注册成立,注册资本 661 亿元,主要面向小微企业、"三农"和创业创新企业。

然而,目前宽信用最大的阻滞,除了严监管过程中非标融资"青黄不接"外,还在于金融机构支持小微企业的意愿难被有效调动。

宽信用的"困"

诚如央行发布的《2018年第二季度中国货币政策执行报告》所言,"小微企业融资问题具有综合性、复杂性特征,特别是在当前经济结构深度调整和新旧动能加速转换的背景下,小微企业依附的宏观产业链条和大中型企业面临转型升级阵痛,加上金融机构避险偏好回升,商业银行激励机制不到位等原因,小微企业融资压力有所上升"[1]。因此,对小微企业融资问题的长期性和复杂性需有理性认知。

首先,小微企业融资难、融资贵是一个世界性的难题,需要各部门形成合力才能有效缓解。小微企业在经营稳定性、运营规范性、抵押担保品等方面都与大型企业不可比拟,要获取足够的金融支持,需要在政策和体制机制上持续地疏导。例如,英国政府高度重视小微企业发展,自20世纪80年代以来,陆续通过小微企业贷款担保计划、设立小微企业股权市场、税收减免、小微企业辅导计划和商业增长基金等方式,全社会通力合作来缓解小微企业融资困难。央行在二季度货币政策执行报告中也提

---

① 网址 http://www.gov.cn/xinwen/2018-08/12/content_5313191. htm.

出了提升小微企业融资"几家抬"的形象说法,力争从货币政策、财税政策、监管考核、优化营商环境等方面形成政策合力,并兼顾有效防范风险。

世界银行 2012 年的企业调查,便鲜明地体现出中国小型企业相比于大型企业的融资劣势。第一,中国具有银行贷款或信用额度的企业平均仅占 25.3%,低于 33.3% 的全球平均水平,而大型企业占比高达 50.8%,小型企业占比低至 13.9%;第二,中国能够运用银行资金支持投资的企业平均仅占 14.7%,低于 26.2% 的全球平均水平,而大型企业占比达到 23.3%,小型企业仅占 3.8%;第三,中国企业贷款所需的抵押品平均价值为贷款额的 1.97 倍,虽低于 2.06 倍的全球平均水平,但大型企业仅需 1.71 倍,小型企业却达到 2.19 倍;第四,中国平均有 6.6% 的企业在 2012 年有贷款申请被拒的经历,虽低于 10.8% 的全球平均水平,但其中小型企业比例高达 15%,而大型企业仅为 2.4%。

事实上,近年来小微企业的贷款状况又有进一步恶化。2011—2016 年,金融机构新增贷款中,小微企业聚集的制造业和批发零售业所获贷款占比均出现剧烈下滑,制造业从 23.7% 下降到 0.7%,批发和零售业从 13% 下降到 1.4%(图 6-6)。信贷投放向基建行业、金融业、租赁和商务服务业,以及个人贷款方面高度集中,而这些都不是小微企业所大量涉及的领域。这固然与中国经济结构转型的进程相联系,但时至今日,增强金融支持小微企业的迫切和意愿,均比以往更加强烈。

其次,既然是定向支持,财政政策(减税)显然是首选,货币政策最多只能是勉为其难。2012 年英国推出的融资换贷款计划

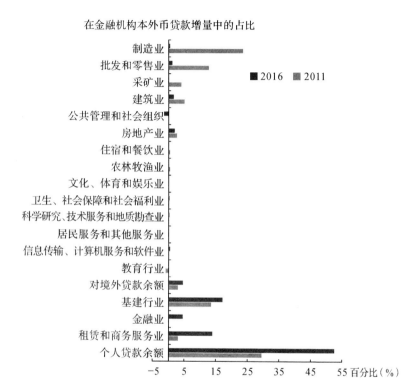

图 6-6 2011—2016 年贷款从传统领域撤离

(Funding for Lending Scheme,简称 FLS)、2014 年欧央行的定向长期再融资操作(Targeted Longer-Term Refinacing Operations,简称 TLTRO)等结构性货币政策的尝试,都旨在引导资金流向特定的实体部门,但最终都没有取得太好的效果,反倒是可能给了商业银行套利的空间,滋生道德风险是可以想见的事情,钱最终还是更多去了投资性更强的领域。英国推出 FLS 后,私人部门贷款增速只有短暂的提升,后又持续收缩了将近两年,而其间抵押贷款(主要是房地产按揭)一直保持正增长且增速有所抬升,资金仍然更多流向了房地产部门。同样地,欧央行推出 TLTRO 后,非金融部门贷款增速也只是温和恢复,且一直徘徊在 0％附近,增长明显不及家庭住房贷款(图 6-9)。

最后,还要考虑到当前小微企业内生融资能力和融资需求可能变弱的问题。这也是央行在《2018 年第二季度中国货币政策执行报告》指出的,"央行在将流动性注入银行体系后,能否有效运用和传导出去,还取决于资金供求双方的意愿和能力"。

一方面,莫尼塔研究近期调研发现,在国务院常务会议后,大银行的放贷速度确实在加快,但主要放的还是积压的基建和地产项目,中小银行的放贷规模和结构都无明显变化。如前所述,中小(民营)企业的资产质量在变差,银行风险偏好上升也是情理之中的事情。而且,还要考虑到非标转标可能会对银行信贷额度造成挤压和占用。

另一方面,我们一直跟踪的一个指标——中国经济政策不确定性指数,于 2018 年 9 月明显上升,这意味着企业家对未来宏观政策走向,或中国经济前景的信心也许不足。这个指数与民间(中小)企业投资的强弱关系密切,历史上相关性很好(图 6-7)。因此,除了看到小微企业的流动资金贷款(救命钱)需求陡升之外,还要考虑到小微企业的内生融资需求可能变弱的问题。产能过剩的行业不让投,对新的行业又不了解,资金根本拿不到或者利率超高,一些企业都直说"心气"没了。

图 6-7　政策不确定性回升与民间投资关系

　　可见,对小微企业、民营企业的宽信用,难度远高于依靠基建项目带动的宽信用,需要在切实有效的减税、国有与民营二元化体制的改革等方面有力配合。这尽管难以立竿见影,但却是拓宽政策长期空间、激活经济内生动能的良药。

好的金融创新与坏的金融创新

黄益平

北京大学国家发展研究院副院长、教授、

北京大学数字金融研究中心主任

著名经济学家熊彼特认为创新包含两方面含义:一方面是为投入品赋予新的含义;另一方面是提高同一投入品的生产率。在此意义上,金融创新同样有两方面:其一是对现行金融体制的改变;其二是增加新的金融工具。

金融创新非常重要。英国的经济史学家约翰·希克斯发现,工业革命不是技术创新的结果,而主要是金融革命的结果。1694年英格兰银行创立,1773年伦敦证券交易所成立。金融创新为新技术提供大量长期的廉价的资金支持,是产业革命演化为工业革命的核心。因此,李约瑟难题的答案或许在于金融,即:中国之所以没有发生工业革命,主要不是因为没有技术创造、技术发明,最重要的原因在于缺乏金融创新。

关于金融创新,有以下几个典型例子。

第一个例子是金融衍生品,包括远期合约、期货期权、资产证券化等。1972 年以后金融衍生品大规模发展,原因是布雷顿森林体系的解体。布雷顿森林体系的解体,使得世界逐步走向浮动汇率,金融衍生品作为应对市场波动的金融创新工具,首要目的就是帮助人们避险。金融衍生品可以应对市场波动,是一个有价值的金融工具。作为衍生品之一的资产证券化,例如小额贷款公司支持小微企业发展,是普惠金融发展的重要渠道,与政府的政策目标一致,因此可以被认为是一种正面的金融工具。与之相反,"次贷"使得银行得以将贷款风险转移,使得本不应该获得银行按揭贷款的高风险潜在客户拿到了按揭贷款,这种金融工具就具有很大的风险和严重的后遗症。可见,金融衍生品究竟是好的金融创新,还是坏的金融创新,不能一概而论。

第二个例子是数字金融,或者称互联网金融。数字金融的基本特征是用数字技术来支持金融决策与交易。数字技术包括场景的移动终端,以及大数据分析。前者如淘宝、京东、微信,这些终端解决了获客成本太高的问题;大数据分析则解决了风控问题。金融交易最大的问题在于信息不对称带来的逆向选择或者道德风险,数字金融工具在一定程度上可以解决这个问题,应当是有着远大前程的行业。

那么,如何判断一个金融创新是好还是不好?

好的金融创新大概有两个需要同时满足的条件。第一个条件是,它满足了实体经济的合理需求。次贷不是一个好的金融创新在于其风险过高,超出合理需求的范围。同理,一些现金贷借钱给没有稳定收入的个人,也不能算是好的普惠金融。如果贷款对象普遍没有偿债能力,那么把钱借给他们就是不负责任的金融。第二个条件是,风险可控。风险不可控的金融工具非常危险,易演变成接盘的烧钱,会破坏整个金融市场的纪律。这种行为如果泛滥,对整个金融体系的打击将非常惨重。

从这个意义上看,比特币是否属于好的金融创新目前不能定论。比特币需求最大的是地下经济,例如使用比特币规避海外项目资金限制,或者使用比特币隐藏腐败贪污。我国的金融体系还未全面开放,腐败问题还比较严重,如果比特币合法化,将给金融监管带来很大风险,给金融稳定带来不利。评估比特币作为金融创新工作的好坏,也应回归以上两个条件,即是否符合实体经济的有效需求,以及是否风险可控。

那么,今天的中国需要什么样的金融创新?

首先,今天的中国经济体量已经十分巨大。中国经济发生波动,对世界经济也会带来巨大冲击,中国要想真正迈入世界舞台中心,需要在金融上给自己提出更高要求。其次,中国的地区经济差异很大,不同的地方处于不同发展阶段,金融需求不同。美国虽然金融体系最为先进,却未必适合我们。总之,中国今天的经济变化,对金融创新已经提出了很高的要求。

如今,中国已经发展出一个非常庞大的金融体系,但政府对金融体系、金融市场运作的干预还非常多。简言之,我们的市场体量已经很大,但是市场机制并未充分发挥作用。此外,我国的金融体系主要还是商业银行主导,银行部门提供的融资占非金融企业的总融资达 85%,这也是中国的杠杆率高的重要成因之一。

其次,中国的对外开放度较低,资本项目仍处于慢慢开放之中。外资银行在中国银行业的经营受到严厉的管制,2018 年外资在债券市场的比例仅有 1.6％。因此,当前中国的金融体系要想帮助中国走出中等收入陷阱,进入高收入经济,走进世界舞台中心,还存在很大问题,亟须金融创新。

金融创新,核心要做的有以下四点:

第一,提高金融资源的配置效率,让市场机制发挥作用。对金融领域来说,让市场机制发挥作用,主要在于两条:能不能由市场定价,以及能不能由市场来决定资源的配置。小微企业的融资难、融资贵是两个问题,融资贵反映的是市场供需力量所决定的利率水平,融资难恰恰在于人为压低利率使之低于市场出清利率,造成供需缺口,配置效率低下。因此,金融创新第一步应是市场化,即让市场来配置资源,非市场化的配置不利于经济增长。

第二,改善现有的金融结构,使之利于支持技术创新与创业。过去,中国 85％的企业融资来自银行,然而现如今需要创新创业技术进步,而创新创业是高风险活动,银行的资金来自存款,有控制风险的需求,因此金融体系中绝大部分融资仍由银行来主导的金融结构需要改变。党的十八届三中全会提出要发展多层次的资本市场,创投基金、私募股权投资、基金等直接融资需要发挥更大作用。除此之外,资本市场普遍缺乏耐心,政府应发挥关键作用,对发展技术的企业给予长期的支持。不仅仅是简单地发展多层次市场,政府还应在培养投资者耐心、提供相关政府支持、率先进行长期投资等方面有所加强。

第三,利用数字技术创新,改善金融尤其是普惠金融服务。十几年来中国政府一直在致力于发展普惠金融,但始终难以有效解决获客成本高和风险问题。而数字技术的运用,特别是有场景的移动终端和大数据分析,为解决这些难题提供了可能的方案。如果在有效控制风险的前提下,大力推进数字金融在各个领域的落地,有可能会推动一些革命性的变化。

第四,金融创新很重要,但是任何时候都不能放弃对金融稳定的追求。 在创新的过程中一定要坚守金融风险的底线。过去中国是分业监管,更通俗的说法是谁发牌照谁监管,但随着交叉业务和全能银行模式的普遍展开,监管部门相互之间分割的局面已经很难持续。更重要的是,很多业务并没有取得牌照,例如P2P平台。因此,监管体系改革要将宏观审慎监管和行为监管分离开来,要从过去的机构监管变成未来的功能监管、行为监管、审慎监管。发展和稳定这两个职能并不完全一致,需要政府寻找适当的方式加以协调。